Библиоте

Т. Устинова

МИФ ОБ ИДЕАЛЬНОМ МУЖЧИНЕ

Санкт-Петербург
«Златоуст»

2015

УДК 811.161.1

Устинова, Т.
    Миф об идеальном мужчине. — СПб. : Златоуст, 2015. —
208 с.

Ustinova, T.
    The perfect man myth. — St. Petersburg : Zlatoust, 2015. —
208 p.

ISBN 978-5-86547-722-8

Подготовка текста и заданий:
Г.С. Юдина

Гл. редактор: *к.ф.н. А.В. Голубева*
Редактор: *И.В. Евстратова*
Корректор: *О.С. Капполь*
Оригинал-макет: *Л.О. Пащук*
Иллюстрации:
*кадры из фильма «Миф об идеальном мужчине»
(2005 г., режиссёр А. Матешко)*

Подготовка оригинал-макета: издательство «Златоуст».
Подписано в печать 29.02.15. Формат 60х90/16. Печ.л. 13. Печать офсетная.
Тираж 1000 экз. Заказ № 1507232.
Код продукции: ОК 005-93-953005.
Санитарно-эпидемиологическое заключение на продукцию издательства Государственной СЭС РФ № 78.01.07.953.П.011312.06.10 от 30.06.2010 г.

Издательство «Златоуст»: 197101, Санкт-Петербург, Каменноостровский пр.,
д. 24, оф. 24. Тел.: (+7-812) 346-06-68, факс: (+7-812) 703-11-79,
e-mail: sales@zlat.spb.ru, http://www.zlat.spb.ru

Отпечатано в типографии ООО «Лесник-Принт».
192007, Санкт-Петербург, Лиговский пр., д. 201, лит. А, пом. 3Н.
Тел.: (+7-812) 380-93-18.

Предлагаем вашему вниманию книгу из серии «Библиотека Златоуста». Серия включает адаптированные тексты для 5 уровней владения русским языком: произведения классиков русской литературы, современных писателей, публицистов, журналистов, а также киносценарии. Уровни ориентируются на лексические минимумы, разработанные для Российской государственной системы тестирования по русскому языку. Каждый выпуск снабжён вопросами, заданиями и словарём, в который вошли слова, выходящие за пределы минимума.

I — 760 слов
II — 1300 слов
III — 1500 слов
IV — 2300 слов
V — 3000 слов

Справка об авторе

Татьяну Витальевну Устинову читатели и критики называют российской Агатой Кристи[1] и считают её одним из лучших авторов женских детективов.

Устинова родилась 24 апреля 1968 года под Москвой в районном посёлке Кратово, в доме, который после Отечественной войны 1941–1945 годов купила её бабушка. После окончания школы Татьяна поступила в один из самых престижных вузов страны — в Московский физико-технический институт (МФТИ), на факультет аэродинамики больших скоростей. Устинова рассказывает, что поступила в этот институт по просьбе бабушки и родителей (бабушка была уверена, что там учатся самые лучшие представители научно-технической интеллигенции, а родители работали по этой специальности в одном из научных институтов). Устинова говорит, что хуже её студентки в МФТИ не было, а вот замуж она вышла за одного из лучших его выпускников.

В 1991 году в семье Устиновых родился первый сын. В начале 90-ых в России было очень трудно (зарплату не платили, магазины были пусты и т.д.). Муж продолжал работать в институте, в котором подолгу не платили зарплату. Устинова решила, что пойдёт на работу, а сыном будет заниматься её мама. Молодая бабушка была на это согласна, потому что институт, в котором она работала, закрыли и она осталась без работы.

Итак, в 1991 году Устинова стала работать секретарём генерального директора ВГТРК (Всероссийской государственной

---

[1] Агата Кристи — английская писательница; автор популярных детективов — Агата Мэри Кларисса Маллоуэн (англ. Agatha Mary Clarissa, Lady Mallowan), урождённая Миллер (англ. Miller), более известная по фамилии первого мужа как Агата Кристи (1890–1976).

телевизионной и радиовещательной компании). Семье её работа не нравилась. В доме считали, что человек с высшим образованием не должен варить кофе и отвечать на телефонные звонки. Сегодня Устинова с добрыми чувствами вспоминает это время и своего начальника, который научил её по-настоящему работать.

Вскоре Устинова стала переводчиком американских телепрограмм, а затем и редактором. С 1993 по 1997 год Устинова была сотрудником пресс-службы Администрации Президента РФ. В 1997 году она вернулась на канал ОРТ (Общественное российское телевидение). Через некоторое время у канала возникли финансовые трудности, и Устинова лишилась работы. Вот тогда-то она и написала свой первый роман, который сразу был напечатан.

Устинова говорит, что успела поработать в 33 местах, и это дало ей огромный материал как писателю. «Я ничего не придумываю, кроме сюжета и хеппи-энда, — говорит она, — Остальное — всё реальные истории и характеры». А ещё она говорит о себе, что очень боится высоты и постоянно должна писать (с 9 утра до 9 вечера с маленьким перерывом на обед).

Устиновой написано около 40 произведений, более 20 из которых экранизированы. Её книги выходят под грифом «Первая среди лучших».

Устинова старается оставаться хорошей женой и матерью двоих сыновей. Она ничего не меняет в своей жизни, продолжая жить в бабушкином доме за городом и сохраняя традиции своей семьи. Она любит ходить в старых джинсах и длинном большом свитере. Она умеет шить и вязать, любит печь пироги и солить огурцы, делать гуся с яблоками и не любит светскую жизнь...

«Миф об идеальном мужчине» — один из самых удачных детективов Устиновой. В центре — судьба одинокой бедной и скромной аптекарши Клавдии Ковалёвой, выросшей в детском доме. Кто-то следит за ней, чтобы её убить. Читателю надо будет не только догадаться кто, но понять, что и как связывает эту девушку с талантливым врачом и успешным бизнесменом, который был найден убитым во дворе своего дома. Ну, и как всегда, на страницах книг Устиновой будет рассказана ещё одна история любви.

Условные обозначения

аббр. — аббревиатура
англ. — английское
груб. — грубое
идиом. — идиоматическое
межд. — междометие
мн. ч. — множественное число
НСВ — несовершенный вид глагола
разг. — разговорное
СВ — совершенный вид глагола
фр. — французское

Глава́ 1
29.08.1997. Пя́тница. День и ве́чер

(1) Стра́нную ему́ да́ли рабо́ту. О́чень стра́нную. Пра́вда, похо́жую рабо́ту он де́лал мно́го раз. Но в э́тот раз стра́нным был **«объе́кт»**.

«Объе́ктом» была́ высо́кая, о́чень худа́я и ниче́м не интере́сная де́вушка. Ка́ждый день она́ е́здила в центр Москвы́ на свою́ ску́чную рабо́ту (она́ рабо́тала в апте́ке в **отде́ле прода́ж**), а по́сле рабо́ты сра́зу возвраща́лась домо́й. Иногда́ она́ заходи́ла в магази́н и покупа́ла ску́чные проду́кты: дешёвый ко́фе, капу́сту, хлеб, сыр, что́-то из моло́чного, колбасу́... Но э́то бы́ло ре́дко. Наве́рное, тогда́, когда́ получа́ла зарпла́ту. По́сле магази́на она́ шла в свою́ ма́ленькую дешёвую кварти́ру.

Ра́зве э́то «объе́кт»?! Кому́ она́ нужна́? И заче́м?

Так он обы́чно ду́мал, когда́ **следи́л** за ней — сиде́л в маши́не, иногда́ стоя́л во дворе́ её до́ма и́ли недалеко́ от апте́ки.

А ещё он ду́мал, что она́, мо́жет быть, о́чень-о́чень бога́та. И́ли, мо́жет, взяла́ у кого́-то больши́е де́ньги и не отдаёт.

Пото́м он ду́мал, что она́ не похо́жа на бога́тую же́нщину. А де́ньги... Како́й же норма́льный челове́к даст ей де́нег?

Но кто́-то пла́тит за неё. Поэ́тому он следи́т за ней уже́ де́сять дней и пи́шет **отчёты**. Отчёты просты́е: «апте́ка, магази́н, метро́, авто́бус, дом, апте́ка...». Э́тот кто́-то никуда́ не спеши́т, ему́ нра́вятся отчёты, и э́тот кто́-то тре́бует но́вых. Вот он и продолжа́ет следи́ть. Следи́ть за ней ску́чно. Э́то не рабо́та... Не настоя́щая рабо́та. Но за неё хорошо́ пла́тят.

Ну, что сего́дня? Сего́дня «объе́кт» рабо́тает в ве́чер. С двух до восьми́. В магази́н не пойдёт. Зна́чит, програ́мма така́я: метро́, авто́бус, дом.

В де́сять придёт следи́ть друго́й челове́к, и он бу́дет свобо́ден. Мо́жно бу́дет попи́ть пи́ва и до за́втра не ду́мать об э́том ску́чном «объе́кте». Ему́ бы́ло интере́сно, когда́ же зака́зчик убьёт её? Он то́чно знал, что кто́-то хо́чет её уби́ть. **Интуи́ция** у него́ была́ отли́чная!

(2) — Кла́ва! — кри́кнула **заве́дующая** апте́кой. — Ты ещё не ушла́?

— Нет! — отве́тила Кла́вдия. — Ну́жно что́-нибудь, Варва́ра Алексе́евна?

— Кла́ва, я тебя́ о́чень прошу́: купи́, пожа́луйста, **ве́ник** и принеси́ его́ в понеде́льник на рабо́ту. Сама́ не могу́. У́тром в понеде́льник иду́ к руково́дству. С ве́ником туда́ не пойдёшь... Сама́ понима́ешь... Ну ка́к?.. Ку́пишь?

— Коне́чно! — чуть ли не с ра́достью **воскли́кнула** Кла́вдия.

Кла́вдии о́чень нра́вилась заве́дующая. Кла́вдия рабо́тала у неё уже́ бо́лее восьми́ лет и была́ уве́рена, что заве́дующая апте́кой — са́мый большо́й пода́рок в её жи́зни.

В апте́ке рабо́тали и други́е лю́ди. Но к ним заве́дующая относи́лась не та́к, как к Кла́вдии. Мо́жет, **жале́ла** её. Жале́ла, но необи́дно.

Все в апте́ке зна́ли, что Кла́вдия из детдо́ма[1] и у неё тяжёлая судьба́. Кла́вдии не нра́вилось выраже́ние «тяжёлая судьба́» ведь судьба́ лёгкой не быва́ет. Она́ была́ уве́рена, что у неё в жи́зни всё идёт отли́чно. Ма́ло у кого́ из детдо́мовских была́ така́я хоро́шая рабо́та и своя́ кварти́ра.

— Подожди́, я тебе́ де́нег дам, — сказа́ла заве́дующая.

У Кла́вдии де́нег бы́ло ма́ло, но на ве́ник, наве́рное, хвати́ло бы. Поэ́тому она́ ста́ла говори́ть, что де́нег дава́ть не на́до, так как их у неё мно́го. Варва́ра Алексе́евна слу́шать её не ста́ла и де́ньги дала́.

— Заче́м так мно́го? — удиви́лась Кла́вдия.

— Два ве́ника купи́. А сейча́с домо́й иди́, Кла́ва... Уже́ по́здно.

Кла́вдия собира́лась домо́й и мечта́ла: «Когда́-нибудь и у меня́ бу́дет апте́ка. Лу́чшая в райо́не, как и на́ша... А я бу́ду тако́й же, как и моя́ заве́дующая!»

Кла́вдия попроща́лась и вы́шла на у́лицу. Ве́чер... После́дние дни а́вгуста... Ско́ро о́сень, а на у́лице жа́рко и су́хо, как в Крыму́[2]... Она́ ду́мала о своём и шла к метро́. Коне́чно, она́ не заме́тила па́рня, следи́вшего за ней.

8

Комментарии

[1] Детдом — детский дом; учреждение для детей, у которых нет родителей, и для детей, которым требуется помощь и защита государства.

[2] Крым — полуостров на юге России, в Чёрном море.

(3) Несколько лет назад заведующая помогла Клавдии получить квартиру[1] (одна комната и кухня) в старом доме. Если бы не она, Клавдия жила бы сейчас в общежитии. А там какая жизнь? Там пьют, бьют друг друга, лезут к девушкам в окна и ломают двери. Там живут те, кто приехал «взять Москву»[2]. Столицу они не взяли, но и домой не уезжали. Их жизнь проходила в этих общежитиях и на тяжёлых работах, на которых москвичи работать не хотели.

Клавдия варила картошку. Есть хотелось ужасно. Зарплата у неё была маленькая. Жизнь дорогая. На всём надо экономить. На работе Клавдия обедала редко.

Но сегодня у неё будет кофе с **тортом**! У их **бухгалтера** сегодня был день рождения, поэтому она принесла торт. Свой **кусок** Клавдия на работе съесть не успела (в аптеке было много покупателей), вот и привезла его домой.

Кофе с тортом она будет пить в комнате, у **шикарного** телевизора «Sony». Телевизор ей подарили коллеги по работе на её тридцатилетие. Никому в их аптеке (даже заведующей!) телевизоров не дарили! А ей подарили! Клавдия была уверена, что большую часть денег на её телевизор дала заведующая. Телевизор стал её другом. Она называла его «Сеня». До появления Сени ей было очень грустно, а с ним жизнь приятно изменилась.

Клавдия положила себе в тарелку две большие картошки и грустно посмотрела на капусту. Капуста **надоела** ужасно. Но есть её надо. В ней **витамины**. На фрукты денег нет. Клавдия ещё раз с грустью посмотрела на капусту и решила сегодня её не есть. Она взяла тарелку и пошла в комнату. Сеня показывал какую-то глупую программу. Настроение было отличное. Когда Клавдия съела картошку, зазвонил телефон.

— Капусту ешь? Или уже съела?

— Привет, Таня! Сегодня без капусты! Надоела, — засмеялась Клавдия.

Таня Ларионова, по мужу Павлова. Самая лучшая её подруга. Они познакомились в институте, когда были студентками. С тех пор и дружат.

— Как дела? — в один голос спросили они друг друга и снова засмеялись.

— Какие у тебя планы на **выходные**?

— Ты же знаешь, что никаких, — вдруг сердито ответила Клавдия.

— Тогда приезжай к нам на дачу. Родители звонили и тебя приглашали.

Поехать к ним на дачу было счастьем. Родители Тани часто приглашали её, но ей было неудобно часто ездить к ним. У них и так много народа: Таня, Танин брат Андрей, муж Тани, жена брата, их родители...

— Ты чего молчишь, Ковалёва? Не хочешь?

— Я думаю, удобно это или нет...

10

— Удо́бно! Мы за тобо́й за́втра зае́дем на маши́не и вме́сте пое́дем.

— Я и сама́ могу́… На электри́чке³… Е́хать недалеко́…

— Мы за тобо́й зае́дем. В де́вять. Е́сли, коне́чно, мой муж проснётся.

Како́й же сего́дня прекра́сный ве́чер! За́втра она́ пое́дет в дом, кото́рый о́чень лю́бит. А сейча́с она́ бу́дет пить ко́фе с куско́м то́рта и с Се́ней!

Е́сли бы в э́то вре́мя Кла́вдия посмотре́ла в окно́, то уви́дела бы двух **парне́й**. Но, коне́чно, она́ не обрати́ла бы на ни́х внима́ния. Оди́н из ни́х был тот, кто следи́л за не́й днём, а друго́й до́лжен бу́дет следи́ть но́чью.

— Ну, что но́вого? — спроси́л друго́й.

— Да ничего́. Всё как всегда́: апте́ка, метро́, тепе́рь вот до́ма сиди́т…

— И заче́м за не́й следи́ть? Не понима́ю! Кому́ така́я мо́жет быть нужна́?

Комментарии

¹ Взрослые люди (после 18 лет) не могут жить в детдоме. По закону государство должно предоставить выпускнику детдома жильё, обычно в общежитии.

² «Взять Москву» — здесь: остаться в Москве и удачно устроить свою жизнь.

³ Электричка — пригородный электропоезд.

ВОПРОСЫ К ГЛАВЕ 1

(1) 1. Как зовут героиню романа? Сколько ей лет? Где она живёт? Где она работает?

2. Кто следил за девушкой? Почему «объект» казался ему странным и скучным? Что говорила интуиция человека, который следил за Клавдией?

(2) 1. Откуда у Клавдии была своя квартира и телевизор? Как к ней относилась заведующая аптекой?

2. О чём мечтала Клавдия?

(3) 1. Почему Клавдия часто ела капусту?

2. Какое настроение было у Клавдии вечером и почему?

3. Кто позвонил Клавдии в пятницу вечером? Как звали подругу Клавдии? Куда её пригласили?

4. Кто такой Андрей?

Глава 2
30.08.1997. Суббота. Утро

(4) Ему показалось, что кто-то начал бить его по голове. Он закрыл голову руками, но этот кто-то продолжал его бить. Бить по голове. Бить со страшным звуком. Наконец он проснулся и понял, что звонит телефон, а по голове его никто не бьёт. Просто звонит телефон.

Он взял **трубку** и сказал голосом человека, который вчера много выпил:

— Алё!

Он был уверен, что звонят с работы. Но звонила бывшая жена.

— Андрюша, — услышал он в ухе деловой голос, — ты что, спишь[1]?

— Нет, — ответил Андрей Ларионов, не открывая глаз. Голова болела ужасно, во рту было сухо. Зачем он вчера так много пил?

— А что ты делаешь? — удивилась бывшая.

— Пишу диссертацию. О жизни птиц, живущих не на свободе.

— Ты шутишь. Ты шутишь, да?

Господи, она же неглупая. Но почему они всегда говорят друг с другом, как тот, кто не видит, с тем, кто не слышит?

— Нет, я не шучу. Я никогда не шучу. У меня нет чувства юмора.

— Андрюша, — сказала бывшая с интонацией, в которой было много чувства, — я всё понимаю. Ты не можешь простить мне, что я от тебя ушла. Но мы культурные люди и должны сохранять культурные отношения...

— А почему ты думаешь, что я что-то не могу тебе простить?

Чёрт![2] Зачем он задал вопрос? Да... много вчера выпил...

Теперь бывшая жена начала объяснять, почему он не простил её. На эту тему она могла говорить часами, днями,

13

неде́лями… Хорошо́, что она́ была́ в телефо́не, а не в его́ крова́ти. Она́ говори́ла и говори́ла… Андре́й положи́л тру́бку. Он хорошо́ знал бы́вшую и был уве́рен, что через секу́нду она́ позвони́т сно́ва. Мо́жет, сего́дня не подходи́ть к телефо́ну? Он взя́лся рука́ми за́ голову и пошёл в ва́нную. Телефо́н сно́ва уда́рил Андре́я по голове́ и по спине́. «Не подойду́. Хоть убе́йте, но не подойду́», — сказа́л он себе́, вошёл в ва́нную, закры́л дверь и посмотре́л в зе́ркало. Себе́ он не понра́вился. Не на́до бы́ло вчера́ так мно́го пить. И ещё у́тро начало́сь с бы́вшей жены́… Он включи́л горя́чую во́ду.

…Андре́й лежа́л в ва́нне и улыба́лся. Телефо́н продолжа́л звони́ть. Когда́ телефо́н замолча́л, он реши́л, что на́до что́-нибудь съесть. Он поду́мал о еде́, и ему́ ста́ло пло́хо. Но пое́сть на́до, потому́ что он сего́дня е́дет за́ город.

Сра́зу по́сле ва́нны Андре́й пошёл на ку́хню, сёл ря́дом с **холоди́льником** и поду́мал: «Хорошо́, что пи́ли не у меня́. На́до бы́ло бы убира́ть кварти́ру». От э́той мы́сли ему́ ста́ло совсе́м пло́хо. В холоди́льнике он нашёл буты́лку с водо́й. От холо́дной воды́ ему́ ста́ло ле́гче.

Телефо́н зазвони́л сно́ва…

Коммента́рии

[1] Ты что, спишь? — (разг.) = Ты что (де́лаешь), …

[2] Чёрт! — (межд.) выраже́ние неудово́льствия, раздраже́ния.

(5) Телефо́н звони́л и звони́л… Андре́й взял тру́бку и сказа́л:

— Да!

— Андрю́ша, что случи́лось? Я уже́ полчаса́ не могу́ до тебя́ дозвони́ться, — э́то сно́ва была́ бы́вшая жена́.

— Я был в **туале́те**. Мне о́чень на́до бы́ло в туале́т.

— Э́то гру́бо, Андрю́ша, — сказа́ла она́ по́сле па́узы. — Что́ с тобо́й?..

Что́ с ним? Да ничего́! Про́сто вчера́ он сли́шком мно́го вы́пил.

— Жа́нна, ты чего́ хоте́ла? Поговори́ть[1]?

— Нам давно́ на́до поговори́ть, — с профессиона́льной интона́цией сказа́ла она́. (Бы́вшая была́ **психотерапе́втом**. Андре́й счита́л её плохи́м психотерапе́втом.) — Но я звоню́ не из-за э́того. Ты по́мнишь Йру Мерца́лову?

— Кого́? — У **майо́ра** мили́ции[2] Андре́я Ларио́нова была́ профессиона́льная па́мять на фами́лии и ли́ца. Он по́мнил её, но хоте́л убеди́ться, что э́то то́чно она́.

— Йра Мерца́лова — моя́ хоро́шая знако́мая. Я о ней тебе́ мно́го раз расска́зывала. А ты, как всегда́, ничего́ не по́мнишь! У неё замеча́тельный муж! Его́ зову́т Серге́й. Серёжа... Я тебе́ о нём то́же мно́го раз говори́ла...

— Ты говори́ла, но я их никогда́ не ви́дел, — останови́л он её. — Ну и что́?

— Они́ о́ба врачи́. Он — вели́кий хиру́рг, а она́ — де́тский **психо́лог**. Вспо́мнил?

Он давно́ вспо́мнил, но реши́л помолча́ть.

— Мне вчера́ звони́ла Йра. Она́ о́чень волнова́лась. Серёже ка́жется, что за ни́м кто-то следи́т...

— Е́сли ка́жется, то на́до крести́ться[3]. Переда́й э́то свои́м друзья́м.

15

— Гру́бо! Ты тако́й гру́бый, потому́ что не уве́рен в себе́. Дослу́шай до конца́. Серёжа — о́чень, о́-о-очень изве́стный врач. У него́ мирово́е и́мя! И́ра мне позвони́ла, потому́ что не зна́ла, что я от тебя́ ушла́. Она́ проси́ла помо́чь... — по го́лосу жены́ Андре́й по́нял, что она́ сча́стлива, что э́та И́ра вме́сте со свои́м изве́стным му́жем обрати́лась к ней за по́мощью. — Серёже э́то не ка́жется. И́ра говори́т, что он не́рвничает и да́же пло́хо стал спать.

— Дай ему́ табле́тки, — сказа́л Андре́й гру́бо.

— Андрю́ша! Ты до́лжен им помо́чь.

— Я?! Чем?!

— Ты рабо́таешь в мили́ции. А мили́ция должна́ нас охраня́ть!

Он помолча́л. На́до бы́ло успоко́иться.

— Я рабо́таю в мили́ции, — на́чал он о́чень споко́йно, — занима́юсь уби́йствами и други́ми тяжёлыми преступле́ниями. Мне не́когда занима́ться **фанта́зиями** твоего́ изве́стного знако́мого с мировы́м и́менем. Э́то поня́тно?

— Андре́й... — сно́ва начала́ бы́вшая.

— Я не хочу́ об э́том бо́льше говори́ть! Я занима́юсь уби́йствами. Твои́ друзья́ мо́гут обрати́ться к **ча́стному детекти́ву**, взять **охра́нника**.

— Андре́й, я не ду́мала... я не ду́мала, что ты тако́й... что ты... ты...

— Ду́мала, ду́мала. И звони́ла, что́бы сно́ва убеди́ться в э́том. А сейча́с позвони́шь э́той Ири́не и бу́дешь с ней обсужда́ть, кака́я я сво́лочь[4]. Ве́рно?

— До свида́ния, — хо́лодно попроща́лась жена́ и положи́ла тру́бку.

Комментарии

[1] Ты чего хотела? Поговорить?... — ирони́ческий намёк на профессию бывшей жены Андрея: психотерапевты обычно начинают разговор с пациентом о его проблемах со слов: «Вы хотите об этом поговорить?»

(6) «Я не ча́стный детекти́в, — ду́мал Андре́й Ларио́нов. — Коне́чно, я милиционе́р. Ну и что́? Кому́-то что́-то ка́жется... И я бежа́ть сра́зу до́лжен?»

Он встал и с трудо́м сде́лал себе́ чай и бутербро́д.

Сего́дня суббо́та. На́до е́хать на да́чу. Роди́тели проси́ли прие́хать.

Вчера́ был о́чень сло́жный день. О́чень... Вот он и напи́лся. Сего́дня никого́ не хо́чется ви́деть. Мо́жет, соба́ку купи́ть? Он **предста́вил**, как э́та замеча́тельная соба́ка бу́дет встреча́ть его́ по́сле рабо́ты, как он бу́дет корми́ть её, как она́ бу́дет спать ря́дом с ним... Им бу́дет о́чень хорошо́ вдвоём!

О соба́ке он мечта́л с де́тства. Он то́чно знал, како́й она́ должна́ быть. Привести́ в дом соба́ку ему́ не разреша́ли, потому́ что ба́бушка боле́ла.

А сейча́с?.. Сейча́с он рабо́тает день и ночь. Кака́я при тако́й жи́зни соба́ка? Она́ умрёт от того́, что бу́дет всё вре́мя одна́.

Бы́вшая жена́ мно́го раз объясня́ла ему́, что он не мо́жет жить с людьми́, не мо́жет норма́льно с ни́ми обща́ться. «Поэ́тому, — говори́ла она́, — ты и стал милиционе́ром». Она́ была́ уве́рена, что его́ жизнь не удала́сь.

Сейча́с он встреча́ется с одно́й же́нщиной. После́дний раз она́ была́ у него́ пять дней наза́д. Её муж тогда́ уе́хал в командиро́вку. Она́ оста́вила дете́й у знако́мой и прие́хала к нему́. Ка́ждые полчаса́ она́ звони́ла домо́й и дава́ла свое́й знако́мой кома́нды, как пра́вильно воспи́тывать её дете́й.

Андре́ю всё э́то не нра́вилось. Не нра́вилось и то, что она́ приезжа́ла к нему́ не по вели́кой любви́, а потому́ что ей ску́чно.

17

Андрей был зол на себя, потому что мечтал о чём-то совсем другом. Он не знал, как назвать это. Слова «любовь» не было в его словаре.

Он никогда и никому не говорил обо всём этом. Ему было 36 лет. Он был женат, потом **развёлся**. У него сильный характер. У него прекрасная память. Он отличный профессионал. Он майор милиции. Он может работать сутками. В его теле (девяносто килограмм!) нет ни капли жира. У него три ранения. Много раскрытых преступлений. Много наград. А он мечтает о собаке и о женщине, которая принимала бы его таким, какой он есть. Всё! Хватит! Хватит обо всём этом думать! Как говорил один английский писатель, «делай, что должен, и будь что будет».

Пить надо меньше, и всё будет хорошо. Надо поспать, собраться и поехать к родителям на дачу. Делай, что должен, и будь что будет...

(7) Парень, который сегодня следил за Клавдией, был рад, что утро субботы у неё началось не так, как обычно. «Интересно, куда это она поехала? — думал он. — Платье летнее надела... Тело белое, даже синее. Как старый кефир. Туфли старые-старые. А сумка... Такие носили лет двадцать назад, а то и раньше. Спина какая худая... А вот волосы красивые. Интересно, куда ты едешь? Неужели у тебя есть друзья? А может, **любовник**, к которому ты ездишь раз в месяц? Хотя тебе и одного раза в месяц будет много...»

Муж Тани вовремя не проснулся, и Клавдия поехала в гости на электричке.

Людей в электричке было много. Парень встал рядом с Клавдией. Конечно, она читала и никого не замечала. Люди ходили туда-сюда, а она читала. Вот **дура**.

Он посмотрел, что она читает. Женский роман. Герой этого романа умирал от любви к героине. «Да-а-а... Такие книги для таких, как она. У кого любовника не было, нет и никогда не будет», — думал он. Ему стало смешно. Таких «объектов» у него точно никогда ещё не было. Эта дура даже не замечает, что он ужé откры́то следи́т за нéй. Зáвтра встрéтит егó — и не вспóмнит! Нáдо бýдет написáть в отчёте, что онá читáет. Пусть закáзчик порáдуется.

ВОПРОСЫ К ГЛАВЕ 2

(6) 1. Где работает Андрей Ларионов? Сколько ему лет? У него есть семья?

2. Почему у него сильно болела голова?

3. Кто и почему позвонил Андрею утром в субботу?

4. Согласился ли Андрей помочь подруге бывшей жены? Почему?

5. Какие планы были у Андрея на субботу?

6. Что Андрей думал о себе и своей жизни?

7. О какой жене он мечтал?

8. Вам понравился Андрей Ларионов?

(7) 1. Почему у парня, который следил за Клавдией, было хорошее настроение?

2. А какое у вас впечатление от Клавдии?

3. Вы согласны, что женские романы читают те женщины, у которых нет и не будет личной жизни?

Глава 3
30.08.1997. Суббота. День и вечер

(8) Вот и дача Ларионовых-старших.

— Здравствуйте! — закричала Клава, увидев родителей Тани. — А вот и я!

Танины родители встретили её, как всегда, очень хорошо.

— А где же моя дочь и мой сын? — спросила Танина мама.

— Таня с мужем скоро будут. А об Андрее я ничего не знаю...

Она никогда про него ничего не знала. А спрашивать было неудобно.

Родители Тани и Андрея были замечательными людьми. Перед сном Клавдия иногда мечтала, что они — её родители. Она представляла, что они её потеряли, когда она была маленькой. Поэтому у неё есть **право** на их внимание, любовь и заботу. Она редко к ним приезжала — боялась, что они узнают о её сильной любви к ним и об этих её глупых фантазиях.

Когда Клавдия была ещё студенткой, она как-то рассказала Таниной маме о детдоме, общежитии, о своей жизни... Мама

20

Тáни никогдá не смотрéла на неё с жáлостью. Онá прóсто сдéлала так, что Клáва стáла чýвствовать себя́ у них как дóма.

Лариóновы-стáршие всегдá приглашáли Клáву на все вáжные прáздники, а ко дню́ её рождéния дéлали большóй красúвый торт. Онú всегдá и всё знáли о её жúзни. Как настоя́щие родúтели, онú дáже пришлú в институ́т, когдá онá получáла **диплóм**.

В дóме и на дáче у Ларионовых всегдá бы́ло хорошó и душéвно. С утрá и до вéчера родúтели бы́ли зáняты каки́м-нибудь дéлом. Проблéм в их жúзни бы́ло мнóго, но онú никогдá не **жáловались**. И ещё никогдá не трéбовали от своúх детéй жить так, как онú считáли ну́жным.

Родúтели нé были прóтив, когдá Андрéй, закóнчил университéт с крáсным диплóмом[1], но пошёл не в аспиранту́ру, а в Шкóлу милúции.

Онú нé были прóтив, когдá Тáня решúла, что не бу́дет бóльше рабóтать инженéром, а пойдёт секретарём в никому́ не извéстный банк.

Онú óчень сúльно **переживáли**, когдá узнáли, что Андрéй развёлся. Переживáли, но ничегó ему́ не говорúли.

У них всё бы́ло прóсто, поня́тно и кáк-то óчень по-человéчески.

Комментарий

[1] Красный диплом — диплом с отличием о высшем образовании; название дано по цвету обложки (у обычного диплома о высшем образовании обложка синего цвета).

(9) Клáвдия прикры́ла глазá, онá стоя́ла на сóлнышке, улыбáлась и ду́мала: «Кáк же здесь хорошó!..» Тáнина мáма позвалá пить кóфе. Клáвдия знáла, что к кóфе бу́дут мáленькие красúвые вку́сные бутербрóды, я́годы, молокó…

Вскóре к дáче подъéхала машúна. Увúдев её, Тáнина мáма сказáла:

— Это Андрéй! Клáва, открóй ему́ **ворóта**!

Ру́ки Кла́вдии ста́ли холо́дными. Она́ зна́ла, что Андре́й вот-вот до́лжен прие́хать. Она́ всё вре́мя слу́шала: не подъе́хала ли его́ маши́на? А ещё она́ постоя́нно смотре́ла на доро́гу... И вот он прие́хал, а она́ оказа́лась к э́тому не гото́ва. Но́ги не шли, а из головы́ улете́ли все мы́сли и у́мные слова́.

— Кла́ва, что с тобо́й? Откро́й, пожа́луйста, Андре́ю.

Кла́вдия ме́дленно пошла́ к маши́не, она́ стара́лась не смотре́ть на Андре́я. Он уже́ вы́шел из маши́ны. «Каки́е у него́ больши́е си́льные ру́ки. Ни у кого́ нет таки́х больши́х, краси́вых и си́льных мужски́х рук», — поду́мала она́.

— Приве́т! — сказа́л он негро́мко. — А я и не знал, что ты здесь. Е́сли бы знал, то с утра́ пора́ньше бы прие́хал.

Он всегда́ разгова́ривал с ней так, что она́ не зна́ла: смея́ться ей и́ли пла́кать. И ещё он никогда́ её не замеча́л.

— Приве́т, — сказа́ла она́, не гля́дя на него́. — Я то́лько что прие́хала.

Го́споди[1], заче́м она́ прие́хала?! Тепе́рь она́ полго́да бу́дет вспомина́ть э́ту встре́чу и то, как он сиде́л, стоя́л, молча́л, ел...

— Где все? — спроси́л он.

Та́пя с му́жем сейча́с прие́дут. Они́ по́здно вста́ли. Роди́тели в до́ме.

— Всё как всегда́...

Она́ не зна́ла, что ещё ему́ сказа́ть. На́до бы́ло уйти́, но она́ не уходи́ла.

— Как дела́? — без осо́бого интере́са спроси́л он.

— Норма́льно. А у тебя́?

— Лу́чше всех. Что́-то ты бле́дная. Рабо́таешь мно́го? За́муж не вы́шла?

Ей ста́ло жа́рко. Она́ лю́бит его́ уже́ де́сять лет! Свою́ любо́вь она́ ему́ никогда́ не пока́зывала. У него́ нет пра́ва задава́ть ей вопро́сы, от кото́рых хо́чется запла́кать и убежа́ть.

— Не вы́шла. Тебя́ жду! — вдруг зло сказа́ла она́ и сама́ себе́ удиви́лась.

— Меня́?! Это здо́рово. Я сейча́с не жена́т и свобо́ден!

22

— Ты дура́к, Андре́й! — сказа́ла она́ и бы́стро пошла́ в дом.

Он посмотре́л на неё и реши́л, что у неё сего́дня плохо́е настрое́ние, поэ́тому лу́чше с ней не разгова́ривать.

Пото́м он уви́дел свои́х роди́телей, обра́довался и гро́мко кри́кнул:

— Ма́ма, па́па, приве́т! А вот и я!

Комментарий

[1] Го́споди — (межд.) выраже́ние неожи́данной ра́дости, испу́га, удивле́ния и т.п.

(10) День на да́че Ларио́новых пролете́л бы́стро...

В деся́том часу́ Кла́вдия начала́ собира́ться домо́й. Та́ня с ма́мой не хоте́ли, что́бы она́ уезжа́ла. Но она́ сказа́ла, что ей обяза́тельно на́до е́хать.

— В го́род пое́дешь с на́ми. За́втра ве́чером и́ли в понеде́льник у́тром, — говори́л Та́нин муж. Он ел я́годы и был абсолю́тно сча́стлив.

— Остава́йся. Шашлы́к за́втра сде́лаем, — говори́ли Та́нины роди́тели.

Кла́вдия о́чень люби́ла шашлы́к. Она́ е́ла его́ то́лько раз в году́. Здесь, на да́че у Ларио́новых.

— Мне за́втра на́до на рабо́ту, — объясни́ла она́. Э́то была́ непра́вда. Она́ сказа́ла, а пото́м поду́мала: «Интере́сно, по́няли они́, что э́то непра́вда?» — Спаси́бо...

— Я тебя́ довезу́. Мне то́же за́втра на рабо́ту, — вдруг сказа́л Андре́й.

Кла́вдии ста́ло стра́шно: два часа́ с ним в маши́не? Да она́ с ума́ сойдёт!

— Спаси́бо, — отве́тила она́. — Тебе́, наве́рное, э́то неудо́бно... А мне ещё в магази́н ну́жно...

— Уже́ по́здно. Одна́ домо́й не пое́дешь! И́ли остава́йся, и́ли езжа́й с Андре́ем, — стро́го сказа́ла Та́нина ма́ма.

— Мне то́же в магази́н на́до. Холоди́льник пусто́й. Вме́сте и
зае́дем.

В конце́ концо́в Кла́вдия согласи́лась. Они́ ещё час побы́ли
на да́че, а пото́м пое́хали. С собо́й ей да́ли пироги́.

— Спаси́бо, — поблагодари́ла Кла́ва. — И извини́те меня́,
что я уезжа́ю...

— Я всё понима́ю, Кла́ва. Рабо́та есть рабо́та... — улыб-
ну́лась ма́ма Та́ни.

Андре́й уже́ ждал её в маши́не. Он откры́л ей дверь и сказа́л:

— Сади́сь, Кла́ва, а то они́ полчаса́ ещё бу́дут целова́ться.

Кла́вдия осторо́жно се́ла в маши́ну. В ней бы́ло хорошо́ и
чи́сто.

Андре́й вдруг вспо́мнил, что что́-то забы́л, и побежа́л обра́тно
в дом.

(11) Кла́ва села в маши́ну и посмотре́ла по сторона́м. Неда-
леко́ от маши́ны она́ заме́тила па́рня. В нём бы́ло что́-то, что
заста́вило её заволнова́ться.

В де́тском до́ме, а пото́м в общежи́тии она́ всегда́ была́ о́чень
внима́тельной к мелоча́м. Е́сли не быть внима́тельной, то мо́гут
поби́ть и́ли да́же уби́ть. Привы́чка всё замеча́ть у неё была́ с
де́тства. После́днее вре́мя Кла́вдия жила́ споко́йно, но она́ не
забы́ла, что на́до слу́шать и слы́шать свою́ интуи́цию...

Она́ ви́дела э́того мужчи́ну ра́ньше. Где? На́до поду́мать...
Она́ закры́ла глаза́. Так... Сего́дня он е́хал с ней в электри́чке.
Неприя́тно дыша́л в у́хо.

Когда́ вспо́мнила, Кла́вдия успоко́илась и откры́ла глаза́.
Ничего́ стра́шного. Он про́сто е́хал за́ город туда́, куда́ и она́.
Мо́жет, у него́ здесь ро́дственники.

В маши́не Андре́я она́ чу́вствовала себя́ защищённой. Кла́в-
дия сно́ва посмотре́ла туда́, где стоя́л па́рень. Он уже́ шёл к
ста́нции. Неожи́данно она́ сно́ва почу́вствовала си́льное волне-
не́ние. Она́ его́ ещё где́-то ви́дела! Она́ то́чно по́мнит его́ спи́ну!
Ру́ки ста́ли холо́дными. Кла́вдия сказа́ла себе́, что ничего́ опа́с-

ного нет. Это всё ей только показалось... Это всё страхи из детства.

Нет, она всё-таки где-то видела эту спину... Где?.. В аптеке! Неделю или две назад. Она не ошибается. У неё очень хорошая память. Да! Точно! Она видела этого парня в аптеке!

Может... он просто зашёл в аптеку? Всё бывает... Но в Москве тысячи аптек, а под Москвой тысячи дач. Нет, всё это как-то очень уж странно! Сколько же раз она его видела? Два? Три? Или больше?..

— Господи, — сказал Андрей и сёл рядом, — как всегда пришлось слушать: «Приезжай скорей! Не забывай есть! Не кури! Мой руки перед едой!»

— А ты руки перед едой моешь? — засмеялась Клавдия, забыв про парня. Она всё забывала рядом с Андреем.

— Конечно! Я очень-очень люблю мыть руки. И не только... Я очень-очень люблю и просто что-нибудь помыть...

Он так близко. Он развёлся. Он ничей. Он мог бы быть... её. Чтобы не думать об этом, она посмотрела в окно и снова увидела ту самую спину.

— Ви́дишь, по доро́ге идёт молодо́й мужчи́на? Я сего́дня ви́дела его́ в электри́чке, и ещё в Москве́, в на́шей апте́ке. Стра́нно, да?

— И тебе́ ка́жется, что за тобо́й следя́т? — вдруг зло сказа́л он.

— А кому́ ещё ка́жется?.. — осторо́жно спроси́ла она́.

— Мое́й жене́, — отве́тил он, не сказа́в «бы́вшей». (Кла́вдия заме́тила э́то.) — Ещё ка́жется каки́м-то её знако́мым. Всем ка́жется! Ты что... **шпио́нка?**

— Нет...

— А е́сли нет, то и успоко́йся. Мужчи́н в Москве́ и за́ городом мно́го. Не́которые похо́жи друг на дру́га. Заче́м за тобо́й следи́ть? Поня́тно?

— Поня́тно, — отве́тила она́, она́ не ста́ла объясня́ть ему́ про детдо́м и общежи́тие...

О чём ещё с ним говори́ть, она́ не зна́ла... Поспа́ть? Нет, лу́чше ти́хо посиде́ть два часа́ ря́дом с ним. Мо́жет, никогда́ тако́го бо́льше и не бу́дет...

(12) Андре́й хорошо́ вёл маши́ну.

Кла́вдия е́хала и фантази́ровала. Фанта́зии спаса́ют от действи́тельности. Ита́к... Он её муж. Они́ е́дут в Москву́ с да́чи. Ба́бушка оста́лась на да́че с детьми́. Они́ ра́ды, что за́втра воскресе́нье и мо́жно бу́дет до́лго спать. Он уста́л. Он мно́го рабо́тает. Она́ сего́дня ве́чером сде́лает ему́ ва́нну и хоро́ший чай, а пото́м ля́жет ря́дом, как ко́шка. Интере́сно, како́й он у́тром? Наве́рное, всем недово́лен. Она́ бы смогла́ сде́лать так, что́бы он стал весёлым.

— Ты что молчи́шь? На меня́ оби́делась? — спроси́л он.

— Нет, — отве́тила она́ и **испуга́лась**, что он узна́л о её фанта́зиях.

— Ты стра́нная кака́я-то ста́ла. Оби́делась? Или **влюби́лась?**

Она́ посмотре́ла на него́ с удивле́нием. «Да, майо́р, — сказа́л он себе́. — Ты то́чно не уме́ешь разгова́ривать с норма́льными людьми́».

— Давно́? — спроси́л он неожи́данно для себя́.

— Что «давно́»? — не поняла́ Кла́вдия.

— Влюблена́-то давно́?

— Давно́, Андре́й, — ей вдруг ста́ло ве́село. — Неуже́ли ты заме́тил?

— Заме́тил, — сказа́л он и поду́мал: «Почему́ ей ста́ло ве́село? А мо́жет, она́ не влюби́лась, а про́сто **обма́нывает**? Девчо́нки ча́сто так де́лают. Хорошо́, е́сли бы обма́нывала...»

Стра́нно, он никогда́ не ду́мал о свое́й жене́ как о «девчо́нке». А о сестре́ и Кла́ве то́лько так и ду́мал, хотя́ им уже́... ско́лько? Три́дцать, наве́рное.

— Андре́й, ты тако́й фантасти́ческий слон, — сказа́ла она́ и засмея́лась. — Неуже́ли на твое́й рабо́те мо́жно быть таки́м слоно́м?

— Каки́м слоно́м?

— Таки́м, — сказа́ла Кла́вдия. — Я была́ у тебя́ на рабо́те, когда́ тебе́ награ́ду дава́ли. Все говори́ли, что ты необыкнове́нный **сы́щик**. Ше́рлок Холмс[1] по сравне́нию с тобо́й про́сто ребёнок.

— Так не говори́ли, — сказа́л он. Ему́ бы́ли прия́тны её слова́ и то, что она́ об э́том по́мнит. — Так почему́ я — слон?

— Не скажу́. Не проси́. Расскажи́ мне лу́чше, как ты живёшь?

— Норма́льно. Рабо́та, дом. Рабо́та, дом. Напи́лся вчера́...

— Заче́м?

— Зате́м, что о́чень пло́хо бы́ло. Иногда́ мне быва́ет о́чень пло́хо.

— Ну что ж... Иногда́ о́чень поле́зно сказа́ть себе́, что жизнь не удала́сь, пожале́ть себя́ и... напи́ться. Ты из-за э́того напи́лся?

«Отку́да она́ э́то зна́ет? Не мо́жет же она́ так хорошо́ меня́ знать...»

— Да, — отве́тил он. Ему́ бы́ло немно́го сты́дно. — И всё-то ты зна́ешь. В сле́дующий раз, когда́ мне бу́дет пло́хо, я тебе́ позвоню́.

— Давай! Я напьюсь вместе с тобой.

— Ты́-ы-ы? — удиви́лся он. — Не смо́жешь!

Э́то был о́чень стра́нный разгово́р. Они́ никогда́ ра́ньше так не разгова́ривали. Никогда́ так легко́ не разгова́ривали. И ей, и ему́ бы́ло стра́нно: почему́ же ра́ньше они́ так легко́ не разгова́ривали друг с дру́гом?

Комментарий

[1] Шерлок Холмс — (англ. Sherlock Holmes) — литературный герой из рассказов английского писателя Артура Конан Дойля (Arthur Ignatius Conan Doyle), сыщик.

ВОПРОСЫ К ГЛАВЕ 3

(8) 1. Как Ларионовы-старшие встретили Клаву?

2. Какой дом был у Ларионовых? Вам понравилась эта семья?

(9) 1. Кто приехал на дачу?

2. Что чувствовала Клава, когда разговаривала с Андреем?

3. Почему Клавдия назвала Андрея дураком?

(10) 1. Кому было нужно ехать вечером в город?

2. Почему Клавдия и Андрей поехали в город вместе?

(11) 1. Кого Клавдия увидела недалеко от дачи Ларионовых? Почему она начала волноваться? Почему она была внимательной к мелочам?

2. Почему Андрей не поверил, что за Клавдией следят? Почему он разозлился на Клавдию?

(12) 1. О чём мечтала Клавдия по дороге в город?

Глава́ 4
С 30 на 31.08.1997.
Ночь с суббо́ты на воскресе́нье

(13) Андре́й довёз Кла́вдию до до́ма. Она́ вы́шла, и он уе́хал. Кла́вдия до́лго смотре́ла, как уезжа́ет его́ маши́на. Вдруг ру́ки сно́ва ста́ли холо́дными, и она́ почу́вствовала, как па́дает се́рдце. Недалеко́ от её до́ма стоя́л тот па́рень. Он смотре́л на соба́к, кото́рые гуля́ли во дворе́ со свои́ми хозя́евами. Э́то был то́чно тот па́рень. Тепе́рь майо́р Ларио́нов не мог сказа́ть, что ей что́-то «ка́жется».

Она́ почу́вствовала себя́ как в детдо́ме перед большо́й войно́й. Что́-то происхо́дит вокру́г неё. Она́ не зна́ла что. Ей ну́жно поду́мать, что́бы быть уве́ренной, что за не́й то́чно следя́т. Она́ всё узна́ет и тогда́ расска́жет Андре́ю. Коне́чно, он всё ей объясни́т и успоко́ит её. Но снача́ла всё ну́жно прове́рить само́й. Тот э́то па́рень и́ли нет? Он приходи́л в апте́ку и́ли нет? Заче́м она́ мо́жет быть ему́ нужна́? Е́сли в понеде́льник она́ уви́дит его́ у апте́ки, зна́чит, ей то́чно всё э́то не ка́жется. Да неуже́ли за не́й следя́т? Глу́пости! Не мо́жет быть! Заче́м?

Она́ бы́стро вошла́ в подъе́зд и побежа́ла на свой тре́тий эта́ж. Она́ почу́вствовала себя́ в безопа́сности, то́лько когда́ закры́ла дверь на все **замки́**.

Ей всё ста́нет я́сно на сле́дующей неде́ле. Она́ всё поймёт и позвони́т Андре́ю. И он её спасёт. ...Е́сли бы она́ зна́ла, како́й бу́дет сле́дующая неде́ля, то э́той же но́чью улете́ла бы на Камча́тку[1]...

В ночь с суббо́ты на воскресе́нье Кла́вдия спала́ пло́хо.

Она́ лежа́ла с закры́тыми глаза́ми и слу́шала зву́ки. Вчера́ все э́ти зву́ки бы́ли нестра́шными. Они́ да́же успока́ивали. Сейча́с же они́ каза́лись о́чень стра́шными. Зву́ки говори́ли о **беде́**, кото́рая ско́ро должна́ случи́ться.

С у́лицы в ко́мнату проходи́л холо́дный си́ний свет от **фонаря́**. Кла́вдия слы́шала, как бьёт в окно́ большо́е де́рево. А мо́жет, э́то и не де́рево? Мо́жет, кто́-то ле́зет по нему́, что́бы прове́рить, она́ э́то и́ли нет?..

Откры́лась дверь в подъе́зд... ...Кто́-то идёт по ле́стнице... Ка́жется, кто́-то подошёл к её кварти́ре... Ей ста́ло жа́рко от стра́ха.

«Успоко́йся, — говори́ла она́ себе́. — Э́то то́лько фанта́зии. Ты никому́ не нужна́. И что мо́жно взять в твое́й кварти́ре но́чью, когда́ ты до́ма?»

Го́споди, опя́ть кто́-то откры́л дверь в подъе́зд. О́кна в кварти́ре закры́ты. Почему́ дви́гаются **што́ры**? На́до встать и посмотре́ть. Как стра́шно!..

— Кто там? — неожи́данно для себя́ то́нким го́лосом спроси́ла Кла́вдия.

Никто́ не отве́тил. Холо́дной руко́й она́ включи́ла ла́мпу у крова́ти. Бе́лая што́ра. В ко́мнате никого́ нет. За о́кнами темно́ и ничего́ не ви́дно.

— Я не бу́ду боя́ться! — гро́мко и стро́го сказа́ла она́ себе́. — Ничего́ не происхо́дит. Всё хорошо́. Я расскажу́ обо всём, что ви́дела, Андре́ю Ларио́нову. Он посове́тует мне, что де́лать. Мне всё... как он сказа́л? Ка́жется! Мне всё ка́жется! Сейча́с я ля́гу и усну́. В пя́тницу я ве́ник не купи́ла. За́втра, в воскресе́нье, мне на́до бу́дет купи́ть ве́ник. Слы́шала? Спать!

Она́ легла́ и закры́ла глаза́. Ла́мпу она́ реши́ла не выключа́ть.

Зву́ки ушли́. Кла́вдия ста́ла вспомина́ть э́тот свой чуде́сный день. Снача́ла она́ прие́хала на да́чу... пото́м прие́хал Андре́й... она́ смотре́ла на его́ ру́ки...в его́ глаза́... Так она́ и усну́ла: с ла́мпой, с голово́й под **одея́лом** и с мечта́ми об Андре́е.

Комментарий

[1] Камчатка — полуостров в северо-восточной части России, в Тихом океане. Здесь: очень далеко.

(14) Кóе-ктó в э́ту ночь óчень си́льно ду́мал о Клáвдии. Нечеловéческая си́ла его́ мы́слей и не давáла ей спать, вызывáла в ней почти́ живóтный у́жас.

Перед ни́м на столé лежáли отчёты за послéдние две недéли. Он их ужé знал наизу́сть. А ещё он знал, что врéмя пришлó. Тепéрь он тóчно знал, что э́то тот мужчи́на, котóрый ему́ ну́жен. А вот за жéнщиной нáдо ещё последи́ть. Он покá нé был увéрен, что э́то тóчно онá.

Врéмя, врéмя... Онó **торóпит** его́. Торóпит не как враг, а как помóщник. Он мог бы ещё подождáть, но врéмя говори́т ему́: «Нáдо дéйствовать!»

Мужчи́ну убрáть сложнéе. Поэ́тому он бу́дет пéрвым. Сначáла нáдо сдéлать сáмое тру́дное.

Он вспóмнил ещё одну́ жéнщину и то, как стрáшно онá умирáла... Э́то бы́ло мнóго лет назáд. Но он и сейчáс пóмнил и чу́вствовал ту смерть так, как бу́дто онá произошлá час и́ли два назáд. Он пóмнит, как измени́лось её лицó, пóмнит её стрáнно лежáщую бéлую ру́ку. Он смотрéл на неё с огрóмным интерéсом и рáдовался как никогдá. Ведь э́то сдéлал он!

Та жéнщина никогдá ужé не бу́дет ему́ мешáть. Онá никогдá уже не бу́дет опáсна. Онá никому́ ничегó и никогдá уже не расскáжет. Однó плóхо: онá никогдá уже не узнáет, что э́то он уби́л её! Жаль, óчень жаль...

Онá умерлá — и всё. А ведь он мог чу́вствовать себя́ ещё бóлее счастли́вым, éсли бы онá узнáла, что её смерть — э́то он.

Он мнóго лет жил спокóйно и счáстливо, потому́ что убрáл её. Он ду́мал, что дéло сдéлано, и тепéрь никтó и никогдá ему́ не бу́дет мешáть дышáть. И вот снóва нáдо ду́мать и организóвывать ещё две смéрти.

Он убьёт их, а потóм снóва стáнет жить так, как привы́к жить.

Э́тих двои́х он ненави́дит мéньше, чем пéрвую. Э́ти двóе не стóят тогó, чтобы он их ненави́дел.

Он знáет, когдá убьёт мужчи́ну.

Пистоле́т он уже́ купи́л. Пистоле́т лежи́т у него́ на столе́. Ждёт. Но из пистоле́та он убива́ть не бу́дет. Э́то о́чень про́сто. Он хо́чет, что́бы э́то не́ было так бы́стро и про́сто. На́до, что́бы э́тот челове́к у́мер не сра́зу. Ну́жно, что́бы он не про́сто у́мер, а умира́л. Он бу́дет умира́ть не так, как умерла́ пе́рвая же́нщина. Он до́лжен узна́ть, за что́ он умира́ет. Тепе́рь оши́бки не бу́дет. Он всё сде́лает сам. Он не бу́дет плати́ть де́ньги за то, что́бы э́то сде́лал кто́-нибудь друго́й. То́лько он мо́жет сде́лать всё пра́вильно. Сде́лать так, как на́до. Сде́лать, а пото́м дыша́ть да́льше. Жить весёлой счастли́вой жи́знью.

Он услы́шал, как кто́-то подошёл к его́ ко́мнате. Дорого́й и люби́мый го́лос сказа́л:

— Почему́ ты не спишь? Тебе́ же ну́жно отдыха́ть!

— Иду́-иду́, ма́ма, — сказа́л он **не́жно**. — Всё хорошо́. Ложи́сь спать!..

ВОПРОСЫ К ГЛАВЕ 4

(13) 1. Кого увидела Клавдия у своего дома, когда вернулась с дачи? Что она почувствовала?

2. Когда девушка почувствовала себя в безопасности?

3. Почему Клавдия плохо спала в эту ночь? Что помогло ей уснуть?

(14) 1. Кто думал о Клавдии в ночь с субботы на воскресенье? Что хотел сделать этот человек? Кого ещё он хотел убить? Почему он не хотел убить мужчину из пистолета?

2. С кем жил убийца?

Глава́ 5
01.09.1997. Понеде́льник

(15) В понеде́льник Кла́вдия то́чно зна́ла, что за не́й следя́т дво́е. Пока́ она́ не уви́дела второ́го, она́ ду́мала, что всё э́то ей то́лько ка́жется. Тепе́рь она́ то́чно вспо́мнила, что ви́дела их и у апте́ки, и у метро́, и у своего́ до́ма. Когда́ поняла́, что есть ещё и второ́й, она́ опя́ть о́чень испуга́лась.

Почему́ они́ не боя́лись, что она́ заме́тит, как они́ следя́т за не́й? Наве́рное, ду́мают, что она́ ре́дкая идио́тка и ду́ра.

Тепе́рь мо́жно звони́ть майо́ру Ларио́нову. За де́сять лет она́ впервы́е могла́ позвони́ть Андре́ю. Ведь за не́й следи́ли. Звони́ть и́ли подожда́ть? Он, наве́рное, ска́жет, что всё э́то ей ка́жется. Тогда́ куда́ идти́? На Петро́вку[1]?

Е́сли че́стно, то она́, коне́чно, боя́лась, но не о́чень. Она́ была́ уве́рена, что э́то кака́я-то оши́бка, что должны́ следи́ть не за не́й, а за ке́м-то други́м.

Ещё она́ не о́чень боя́лась их, потому́ что росла́ в детдо́ме. Она́ научи́лась там защища́ться. С де́тства она́ не люби́ла темноту́ и гро́мкие зву́ки. Когда́ она́ возвраща́лась по́здно с рабо́ты, она́ всегда́ бежа́ла от авто́буса до до́ма, потому́ что боя́лась встре́тить како́го-нибудь **манья́ка**. Но е́сли бы э́тот манья́к стал **угрожа́ть** ей, то она́ защища́лась бы до конца́!

На рабо́ту в понеде́льник за не́й пошёл пе́рвый па́рень.

Кла́вдия хоте́ла подойти́ к нему́ и сказа́ть, что она́ — Кла́вдия Ковалёва, что рабо́тает в апте́ке, что росла́ в детдо́ме, что у неё есть то́лько одноко́мнатная кварти́ра и цветно́й телеви́зор. А бо́льше у неё ничего́ нет. Следи́ть за не́й нет никако́го смы́сла. Э́то оши́бка, ребя́та!

Кла́вдия уже́ не́сколько раз подходи́ла к окну́. Па́рень то стоя́л, то чита́л газе́ту, то сиде́л в маши́не, то про́сто ходи́л по у́лице недалеко́ от апте́ки.

«На́до позвони́ть Та́не, — реши́ла Кла́вдия. — Она́ у́мная. Обяза́тельно даст хоро́ший сове́т. А Андре́ю позвоню́, е́сли бу́дет совсе́м уж пло́хо».

Людей в этот день в аптеке было много. А ведь только первый день осени! В аптеку вошли две старушки и мужчина.

— Мне бы от насморка, — сказал мужчина. — Только чтобы сразу помогло.

Клавдия всегда знала, кому и что нужно предлагать. Поэтому уже через пару минут счастливый покупатель вышел из аптеки.

— Здравствуйте, Клавочка, — **ласково** сказали старушки. — Мы к вам.

Эти две старушки были подругами и постоянными покупателями. Они жили недалеко от аптеки. Наталья Ивановна бывала у них почти каждый день, а Ашхен Арутюновна — редко, потому что лекарства ей покупал зять.

— Рада вас видеть, Клавочка, — сказала Наталья Ивановна. — Как настроение? Погода на вас не действует?

— Как на неё может действовать погода? — Ашхен Арутюновна с удивлением посмотрела на подругу. — Сколько ей лет? Шестьдесят? Семьдесят?

— Ашхен, от такого... активного начала осени у всех плохое настроение. Я об этом Клавочку и спросила.

— А у меня настроение за-ме-ча-тельнос! — сказала Ашхен. — Отличное! Всем советую иметь такое прекрасное настроение, как у меня!

Клавдия улыбнулась, хотя ей не очень хотелось улыбаться, да и очередь уже собралась. В конце концов Наталья Ивановна взяла лекарства для сердца и **крем** для рук. Ашхен — лекарства для сна.

— Спасибо, приходите ещё! — сказала им Клавдия и посмотрела в окно. Там никого не было. Ушёл? Понял, что за ней следить не надо?

Она извинилась перед покупателем и быстро подошла к другому окну. Нет, не ушёл. Ходит. Ждёт. Она чуть не заплакала. Что им нужно? Уходите! Идите следить за кем-нибудь другим!

Комментарий

Петровка — здесь: о Главном управлении Министерства внутренних дел России по городу Москве (улица Петровка, дом 38).

(16) В понеде́льник у́тром пошёл дождь. Го́род стал мо́крым и холо́дным. А ведь в выходны́е каза́лось, что ле́то никогда́ не ко́нчится.

Изве́стный **кардиохиру́рг** Серге́й Мерца́лов посмотре́л из кабине́та в окно́ на у́лицу и реши́л, что **сро́чно** на́до е́хать в о́тпуск, к со́лнцу. В Москве́ полго́да зима́, а други́е полго́да — вре́мя то ли перед зимо́й, то ли по́сле. У люде́й постоя́нные **стре́ссы**. Э́то он, как врач, о́чень хорошо́ зна́ет. То́лько пе́рвое сентября́, а уже́ дождь, хо́лод, ве́тер... То́чно на́до е́хать в о́тпуск.

«На́до обяза́тельно е́хать в о́тпуск, — сно́ва сказа́л себе́ Серге́й. — Оди́н сын в пе́рвом кла́ссе, друго́й — в тре́тьем. В шко́ле пробле́м не бу́дет. У жены́ то́же. Кани́кул ждать не бу́дем. Они́ начну́тся то́лько в ноябре́. В ноябре́ то́же съе́здим туда́, где тепло́. Ита́к, решено́: е́дем в о́тпуск!»

Он вы́звал Мари́ну Ви́кторовну, свою́ секрета́ршу.

Мари́на Ви́кторовна была́ отли́чной секрета́ршей. Несмотря́ на свой во́зраст и полноту́, она́ рабо́тала **чётко** и о́чень бы́стро.

И, что ва́жно, всегда́ была́ ве́жливой. К Серге́ю она́ относи́лась как к бо́гу и боя́лась его́.

— Мари́на Ви́кторовна, вот телефо́н туристи́ческой фи́рмы. Позвони́те по нему́, пожа́луйста, и закажи́те мне пое́здку неде́ли на две туда́, где тепло́.

— Э́то куда́? — спроси́ла она́, чтобы то́чно вы́полнить зада́ние.

— Нева́жно куда́. Ту́рция, Гре́ция, Испа́ния, Ита́лия, Крит, Еги́пет, Кана́ры... Пять звёзд[1]. Де́тский клуб. Но́мер с двумя́ ко́мнатами, чтобы де́ти не́ были но́чью одни́... С пя́тницы. Йли с бу́дущего понеде́льника.

— С пя́тницы, кото́рая бу́дет в конце́ э́той неде́ли?

— Да, — улыбну́лся Серге́й. — Ду́маю, пробле́м никаки́х не бу́дет. Ле́то зако́нчилось, и кани́кулы то́же. Пря́мо сейча́с позвони́те, пожа́луйста.

— Коне́чно. Коне́чно, Серге́й Леони́дович...

— Когда́ я **опери́ровал**, жена́ звони́ла?

— Нет. Я бы сра́зу сказа́ла, Серге́й Леони́дович.

Он не люби́л, когда́ жена́ ему́ не звони́т. Ему́ ле́гче жить и рабо́тать, когда́ он зна́ет, что всё хорошо́, что де́ти в шко́ле, а жена́ до́ма йли на рабо́те.

Ве́чером они́ все соберу́тся до́ма, и он ска́жет им, что они́ че́рез не́сколько дней е́дут в о́тпуск. Жене́, коне́чно, это снача́ла не понра́вится. Йра не лю́бит, когда́ что́-то случа́ется неожи́данно. Пото́м де́ти пойду́т спать, а они́ ля́гут на но́вую большу́ю крова́ть, всё обсу́дят и реша́т, что на́до взять в о́тпуск. А ещё они́ реша́т, кому́ отда́ть на вре́мя о́тпуска Ни́ки, их весёлую соба́ку. Он расска́жет жене́, как уста́л от рабо́ты и от того́, что ему́ ка́жется, что за ни́м следя́т. Ско́ро они́ все бу́дут на мо́ре, на со́лнце...

Она́ ему́ обяза́тельно ска́жет, что он, как всегда́, всё сде́лал пра́вильно. А пото́м они́ бу́дут целова́ться...

Комментарий

[1] Пять звёзд — здесь: о гости́нице высшего класса.

(17) Ýтром у Сергéя Мерцáлова бы́ли две тяжёлые опера́ции. Они́ прошли́, как всегдá, успéшно. Пóсле обéда он поéхал в министéрство. Там емý óчень повезлó: он уви́дел всех, кто был емý нýжен. Когдá вернýлся на рабóту, он собрáл врачéй и рассказáл им (как обы́чно) план зáвтрашней опера́ции. А когдá коллéги ушли́, он посмотрéл в окнó и вот реши́л поéхать в óтпуск.

Срóчным больны́м он сдéлает опера́цию на э́той недéле. В больни́це **вмéсто** себя́ он остáвит Сáшку Гóльдина. Сáшка — отли́чный хирýрг. Мóжет, дáже лýчше, чем он. И администрáтор прекрáсный.

На сегóдня все делá сдéланы. Мóжно спокóйно éхать домóй.

— Сергéй Леони́дович, Ири́на Николáевна, — сказáла секретáрша.

— Спаси́бо! — он бы́стро взял телефóнную трýбку и рáдостно кри́кнул:

— Йра, привéт! Ты чегó¹ мне не звони́шь?

— Я тебé на моби́льник² звони́ла, — сказáла женá вéсело. Ей всегдá бы́ло вéсело. Серди́ться онá не умéла. Рéдкая у негó былá женá. Они́ женáты ужé пятнáдцать лет, и все э́ти гóды он её так си́льно лю́бит... — Твой моби́льный сказáл мне, что **абонéнт недостýпен.** Серёжка, а ты — «абонéнт»?

— Я — вели́кий хирýрг! И руководи́тель, котóрого все боя́тся! Сегóдня всéми **комáндовал** и всех **ругáл.** Сейчáс приéду домóй и тобóй бýду комáндовать!

Онá не испугáлась.

— Как нáши сыновья́? — спроси́л он.

— Всё отли́чно! Приезжáй. Я мнóго вкýсного купи́ла. Есть хóчешь?

— Óчень, — сказáл он и улыбнýлся. — Я тебя́ люблю́, Йра!

Онá засмея́лась и повéсила трýбку.

...Это был чудéсный вéчер...

Как тóлько он сообщи́л семьé, что они́ поéдут в óтпуск, сыновья́ срáзу нáчали пры́гать и кричáть от рáдости. Собáка Ни́ки тут же забéгала по всéй их большóй кварти́ре. Йра началá говори́ть, что дéтям нáдо привыкáть к шкóльной жи́зни. Но не

прошло́ и пяти́ мину́т, как она́ уже́ говори́ла об их о́тпуске так, как бу́дто давно́ о нём зна́ла. Ста́рший сын сел и на́чал писа́ть, что на́до бу́дет обяза́тельно взять с собо́й на мо́ре.

Де́ти пошли́ спать на полчаса́ по́зже. Йра стро́го следи́ла, чтобы они́ ложи́лись спать в де́вять. Он и она́ — врачи́, поэ́тому зна́ют, что де́тям, кото́рые хо́дят в шко́лу и занима́ются спо́ртом, ну́жно мно́го спать и хорошо́ есть.

Когда́ де́ти ушли́ спать, Серге́й убра́л всё в ку́хне, поигра́л не́сколько мину́т с соба́кой и лёг на но́вую крова́ть. Он стал пло́хо спать из-за э́тих идио́тов, кото́рые всю́ду ходи́ли за ни́м. Вот жена́ и купи́ла э́ту крова́ть, чтобы сде́лать ему́ прия́тное. Сего́дня, пра́вда, э́тих идио́тов ви́дно не́ было... «Е́сли уви́жу их ещё, то сра́зу подойду́ и набью́ им мо́рду³!» — поду́мал он.

Пришла́ жена́ и легла́ ря́дом. Пото́м они́ целова́лись, гро́мко смея́лись, люби́ли друг дру́га и отдыха́ли... Когда́ они́ на́чали засыпа́ть, к ним подошла́ соба́ка, се́ла и ста́ла смотре́ть на ни́х.

Комментарии

¹ Ты чего́...? — (разг.) = Ты почему́...?
² Произведе́ние напи́сано в 1990-х года́х. Тогда́ моби́льный телефо́н был атрибу́том обеспе́ченного челове́ка.
³ Наби́ть мо́рду — (разг.) изби́ть (мо́рда = лицо́).

(18) Серге́й Мерца́лов посмотре́л на соба́ку и сказа́л:

— Ни́ки, я про тебя́ совсе́м забы́л! Извини́, мой хоро́ший, что забы́л про тебя́! Ну, пойдём скоре́й, погуля́ем... — он встал, бы́стро оде́лся, и они́ пошли́.

— До́брый ве́чер, Серге́й Леони́дович! — сказа́ла ему́ **консье́ржка**. — Что́-то вы по́здно сего́дня гуля́ть идёте!

— Мы про него́ забы́ли, — улыбну́лся Серге́й. — Мы на пять мину́т.

Дождь. Хо́лодно. Хо́чется домо́й, к тёплой жене́. Ни́ки побежа́л через доро́гу к **куста́м**. Серге́й пошёл за ни́м.

— Ни́ки, ты сде́лал свои́ дела́? — спроси́л он и вдруг услы́шал стра́нный звук. Серге́й поиска́л глаза́ми соба́ку. Её нигде́ не́ было.

— Ни́ки! — позва́л он. — Ни́ки, ты что́?! Ни́ки! Ни́ки!

Через высо́кие мо́крые кусты́, Серге́й побежа́л туда́, где то́лько что была́ соба́ка:

— Ни́ки! Ни́ки! Ты где? Где?

И вдруг он почу́вствовал на своём го́рле верёвку. Секу́нду Серге́й ничего́ не понима́л. Он попыта́лся освободи́ться. Но тот,

кто хотел его убить, был сильнее. Горлу стало очень больно, а в глазах — темно. В последние секунды своей жизни он думал: «Как они будут без меня? Как будут без меня мои дети? И Ире будет плохо... Как же я не люблю, когда жене плохо!..»
...Убийца посмотрел по сторонам. Всё тихо и спокойно...
Дело сделано. Он ещё раз посмотрел на Сергея и убедился, что тот не дышит.

— Чёрт! — сказал он. — Чёрт! Ничего не успел тебе сказать! Зачем стал мешать мне? Руке больно сделал... А ещё врач!.. Врач лечить должен, а не руки людям ломать! Ну что?.. — он ещё раз внимательно посмотрел на убитого. — Лежишь теперь под холодным дождём у моих ног рядом со своей собакой. Счастливого тебе пути!

Он бросил верёвку на тело и спокойно пошёл домой.

ВОПРОСЫ К ГЛАВЕ 5

(15) 1. Когда Клавдия поняла, что за ней действительно следят? Как она объяснила себе, что за ней следят?
2. Какие клиенты приходили в аптеку? Как Клавдия работала с постоянными и с новыми клиентами?

(16) 1. Кто такой Сергей Мерцалов? Вы уже слышали о нём раньше?

(17) 1. Почему Сергей решил уехать в отпуск? На кого он решил оставить институт?
2. Как Сергей относился к своей семье? Можно ли назвать семью Мерцаловых счастливой? Почему?

(18) 1. Почему Сергей пошёл на улицу так поздно?
2. Что случилось на улице этой ночью?

Глава́ 6
02.09.1997. Вто́рник. У́тро

(19) Андре́й Ларио́нов прие́хал на ме́сто преступле́ния.

— Уби́йство, Андре́й, — сообщи́л **медэкспе́рт** Семёныч[1]. — Тебе́ уже́ сказа́ли?

— Сказа́ли «те́ло». Мужчи́на, же́нщина? — спроси́л Андре́й.

— Мужи́к[2]. Молодо́й, — отве́тил Семёныч.

И́горь Полево́й и О́льга Дружи́нина уже́ здесь (они́ рабо́тали у Андре́я в отде́ле). Андре́й поздоро́вался с ни́ми и спроси́л:

— Вы давно́ прие́хали?

— Мину́т два́дцать наза́д, — отве́тил И́горь.

Андре́й по́днял тёмную **ткань**, кото́рой бы́ло закры́то те́ло.

— На нём верёвка лежа́ла, — сказа́ла О́льга. — Её уже́ Семёныч взял.

— Кто его́ нашёл? — спроси́л Андре́й. Он стара́лся рассмотре́ть лицо́ уби́того.

— У́тром оди́н стари́к вы́шел с соба́кой погуля́ть. Ну и… соба́ка нашла́, — отве́тил И́горь. — Семёныч говори́т, что он часо́в шесть то́чно пролежа́л.

41

— Где стари́к, кото́рый его́ нашёл? Ты с ним говори́л? — поинтересова́лся Андре́й.

— Нет, Андре́й, не говори́л. Стари́к не в себе́. В маши́не на́шей сиди́т... Он живёт в одно́м из э́тих домо́в. Сейча́с проверя́ем, кто домо́й не верну́лся.

— Соба́ку он пе́рвой уби́л? — спроси́л Андре́й.

— Почему́ э́то он? Мо́жет, она́? — удиви́лся Йгорь.

— Интуи́ция, — гру́стно улыбну́лся Андре́й. — Спро́сим у Семёныча. Семёныч, э́то он и́ли она́?

Семёныч показа́л на те́ло и сказа́л, что э́то, коне́чно, он. А вот уби́йцей мо́жет быть и́ли здоро́вый он, и́ли больша́я и си́льная она́.

— Смо́жешь то́чно сказа́ть: он и́ли она́? — спроси́л Андре́й экспе́рта.

— В лаборато́рии всё посмотрю́ и скажу́, Андре́й, — отве́тил Семёныч. — Ты зна́ешь, я рабо́таю бы́стро.

— **Следо́в** нет... — сам себе́ сказа́л Андре́й. — Во-пе́рвых, наро́да здесь мно́го ходи́ло, и, во-вторы́х, всю ночь шёл дождь...

Из ближа́йшего магази́на вы́бежал их **стажёр** Ди́ма Мама́ев и бы́стро побежа́л к ним.

— Похо́же, что наш молодо́й колле́га что́-то нашёл, — улыбну́лся Андре́й.

— Есть, Андре́й Дми́триевич! Есть!!! — ра́достно крича́л стажёр.

Комментарии

[1] Семёныч — здесь: обращение по отчеству; такая форма неофициально подчёркивает уважение к человеку (чаще так обращаются к старшим).

[2] Мужик = мужчина (обычно в мужской речи).

(20) Дима подбежал к Андрею:

— Убитый — Сергей Мерцалов. Живёт по адресу: Хохловский переулок, дом 5, квартира 40. Вчера сразу после двенадцати вечера ушёл гулять с собакой и не вернулся. Был одет...

— Подожди, — остановил его Андрей. — Как... как ты сказал, его зовут?

— Сергей Мерцалов. А что? Живёт рядом. Ему тридцать пять лет. Пошёл вчера вечером гулять с собакой... Домой не вернулся... Что не так-то?..

Андрей вспомнил утренний субботний разговор с бывшей женой.

«Ты помнишь Иру Мерцалову? У неё замечательный муж! Его зовут Сергей. Они оба врачи. Он — великий хирург, а она — детский психолог. Серёжа — очень, о-очень известный врач. У него мировое имя! Ира мне вчера звонила. Серёже кажется, что за ним кто-то следит... Она просила помочь...»

«Как я ей ответил? Сказал что, когда кажется, надо креститься. Лучше бы ему казалось...»

— Ольга, сходи по этому адресу. Игорь, мне нужно тебе два слова сказать. Отойдём в сторону, — сказал Андрей. Когда остались с Полевым вдвоём, он продолжил: — В субботу с утра мне звонила моя бывшая и сказала, что её подруга Ира очень беспокоится за мужа. Мужу кажется, что за ним следят. Мужа зовут Сергей Мерцалов. Он известный врач. Она хотела, чтобы я помог...

Игорь длинно **свистнул** и спросил:

— А она не предложила тебе стать его охранником?

— Я сказал, чтобы они обратились к частному детективу. Я был неправ.

— Да, неправ, — осторожно согласился Игорь. — И что? Ты теперь будешь себя считать **виноватым**? Может, это и не Мерцалов.

— Мерцалов, — сказал Андрей. — Точно он. Давай со стариком поговорим.

Андрей шёл и думал, что он никому и ничего не должен. Кому-то показалось, что за ним следят. И что? Он должен был всё бросить и бежать узнавать: кто следит, зачем и почему? ...Он не стал слушать бывшую жену. Ему не нужны были чужие проблемы... А мужика убили. Если этот Мерцалов чувствовал, что за ним следят, надо было ему быть осторожней! Вдруг всё это перестало быть работой. Ему показалось, что с Сергеем Мерцаловым он дружил с детства. За десять лет службы такое случилось с Андреем в первый раз. Он слышал, что со **следователями** такое бывает. Лучше бы с ним такого не было...

(21) Андрей шёл к милицейской машине и думал: «Если бы в субботу я встретился с ним, то сейчас он был бы жив. Или нет?» Он подошёл к машине, сел рядом со стариком, который нашёл Сергея Мерцалова.

— Здравствуйте. Майор Ларионов, — сказал он и показал свой документ.

— Здравствуйте, товарищ майор, — ответил старик.

— Как вас зовут?

— Белов Владимир Иванович.

— Расскажите мне, как вы его нашли.

Андрею почему-то ужасно не хотелось слушать этого старика.

— В шесть часов... ну, может, минут в пять седьмого утра я вышел погулять с Норой. Нора — это наша собака.

Андрей посмотрел вниз и увидел у ног старика собаку с грустными глазами. Тем временем Владимир Иванович продолжал:

— Мы пришли сюда... от дома нам идти минут шесть... Нора стала бегать, а я пошёл в эту сторону... Там можно посидеть. Вдруг я услышал голос Норы. Я никогда не слышал, чтобы она так... Голос у неё был как у ненормальной. Я подошёл к ней. Думал, она нашла мёртвую птицу или кошку... Я посмотрел и увидел... — старик замолчал.

— Поня́тно... — сказа́л Андре́й.

— Я уви́дел но́гу, — продо́лжил стари́к. — Я сра́зу по́нял, что он мёртвый. Не **бомж** и не **пья́ный**. Но́ра всё не успока́ивалась. Я реши́л посмотре́ть... И уви́дел всё... всё до конца́... Но́ра была́ про́сто не в себе́. Мне ста́ло пло́хо. Я на войне́ был, но тако́го там никогда́ не ви́дел... Я по́нял, что ниче́м уже́ не смогу́ помо́чь. Он был мёртвый... Совсе́м мёртвый...

— Что вы сде́лали?

— Я взял Но́ру на́ руки. Магази́ны закры́ты. Ра́но... Люде́й нет. Телефо́н ви́дите? Что́бы позвони́ть в мили́цию, нужна́ ка́рточка. А её у меня́ нет...

— Почему́? В 01, 02 и 03[1] мо́жно позвони́ть беспла́тно, — сказа́л Андре́й.

— Пра́вда? Я не знал... Че́стное сло́во, я был уве́рен, что ка́рточка нужна́... Всё но́вое для меня́ тако́е чужо́е... Я побежа́л вон на ту у́лицу. У́тром там есть лю́ди и маши́ны. Я наде́ялся, что смогу́ кого́-нибудь останови́ть... Вон из того́ переу́лка вы́шел челове́к с **портфе́лем**. Я останови́л его́...

— Из како́го переу́лка? — спроси́л Андре́й.

— Из Хохло́вского...

Комментарий

[1] 01, 02, 03 — экстренная помощь: 01 — при пожаре; 02 — милиция/полиция; 03 — медицинская помощь.

(22) — Мужчи́на вы́шел из Хохло́вского переу́лка? Та́-а-к... Продолжа́йте, Влади́мир Ива́нович, — сказа́л Андре́й старику́.

— Я подошёл и попроси́л у него́ моби́льник.

— Почему́ вы попроси́ли у него́ моби́льник?

— Го́споди! Он держа́л его́ в руке́! В одно́й руке́ у него́ был телефо́н, а в друго́й портфе́ль. Я закрича́л: «В куста́х — мёртвый челове́к! Ну́жно сро́чно позвони́ть!» Он не сра́зу дал свой телефо́н. Поду́мал, что я ненорма́льный и́ли пья́ный. Я боя́лся, что он уйдёт и не даст телефо́н. Я сказа́л ему́, что он

45

сам мо́жет посмотре́ть. Мне показа́лось, что ему́ ста́ло интере́сно…

— Ста́ло интере́сно… — повтори́л Андре́й.

— Он сказа́л: «Ну, покажи́». Мы пошли́ туда́… И Но́ра… Она́ опя́ть была́ не в себе́… Он посмотре́л… Ему́ пло́хо ста́ло… Пото́м он позвони́л в мили́цию, но говори́ть не стал. С мили́цией говори́л я… Вот и всё…

— А где хозя́ин моби́льника? — спроси́л Андре́й.

— А он… ушёл. Как то́лько я вы́звал мили́цию, он сра́зу и ушёл. А что? Он не до́лжен был уходи́ть? Ему́ не на́до бы́ло дать уйти́ в переу́лок?

— В како́й переу́лок?

— В Хохло́вский…

— Подожди́те. Вы сказа́ли, что он вы́шел из Хохло́вского переу́лка. А пото́м ушёл в него́? — Андре́й внима́тельно посмотре́л на старика́.

— Да-да! Мне то́же показа́лось э́то стра́нным. Мне показа́лось, что он как бу́дто забы́л, куда́ шёл. Он о́чень бы́стро пошёл к переу́лку.

— Поня́тно, — сказа́л Андре́й. — Как он **вы́глядел**?

— Как все… Ему́ не бо́лее сорока́ лет… Как вам… Не худо́й. Но и не то́лстый. В дли́нном лёгком чёрном пальто́. Шарф мо́дный. Портфе́ль…

— Цвет воло́с, глаз?

— Цвет глаз не по́мню. А во́лосы — чёрные.

— Бы́ли на па́льцах ко́льца, **татуиро́вка**? — бы́стро спроси́л Андре́й.

— Татуиро́вка! На руке́. Напи́сано: «Же́ня». По бу́кве на ка́ждом па́льце.

— Маши́на его́ не ждала́?

— Здесь — нет. Мо́жет, в переу́лке. Но сам переу́лок отсю́да не ви́ден.

«Ита́к, мину́т пятна́дцать седьмо́го из Хохло́вского переу́лка вы́шел Же́ня с татуиро́вкой на па́льцах, моби́льником в руке́ и с портфе́лем. Он уви́дел те́ло, и ему́ ста́ло пло́хо. Мили́цию вы́звать он помо́г. Зате́м почему́-то пошёл наза́д в переу́лок», — повтори́л про себя́ Андре́й и сказа́л старику́:

— Спаси́бо. Спаси́бо, вы мне о́чень помогли́.

— Вы ду́маете, что он?.. — стари́к посмотре́л на Андре́я.

— Я не зна́ю, — сказа́л Андре́й че́стно. — Посмо́трим.

Вдруг он уви́дел, что к ме́сту преступле́ния кто́-то бежи́т. Андре́й уже́ по́нял, кто э́то.

— Игорь! — закрича́л он. — Игорь, не пуска́й её туда́!!!

Полево́й бы́стро посмотре́л на Андре́я, а пото́м на бегу́щую. И он то́же был от неё далеко́...

А она́ уже́ прибежа́ла, останови́лась, посмотре́ла туда́, где лежа́ла соба́ка... Зате́м ка́к-то ме́дленно начала́ па́дать на мо́крую зе́млю...

(23) Евге́ний Васи́льевич Бо́йко (а для бли́зких Же́ня) не́рвничал. Когда́ не́рвничал, он всегда́ крича́л на свою́ секрета́ршу и мно́го ел.

Полови́на деся́того. Уже́ в двадца́тый раз он выхо́дит из своего́ кабине́та и не́рвно спра́шивает секрета́ршу:

— Ну, дозвони́лась?

— Нет ещё, Евге́ний Васи́льевич, — говори́т она́. — Моби́льный не отвеча́ет, до́ма нет, до о́фиса ещё не дое́хал. В о́фисе говоря́т, что к десяти́ бу́дет.

Лицо́ Евге́ния Васи́льевича стано́вится кра́сным:

— Просто́е зада́ние не мо́жете вы́полнить! Заче́м я плачу́ вам зарпла́ту?

«Ничего́, — ду́мает секрета́рша, — за́втра бу́дешь проще́ния проси́ть. А я ещё поду́маю: прости́ть тебя́ сра́зу и́ли нет. Кричи́т он на неё! Она́ не ба́ба[1] кака́я-нибудь с у́лицы! Кому́ ты ну́жен, Же́ня? Всегда́ в стре́ссе. **Жа́дный**. Всем недово́лен! И любо́вник плохо́й... Е́сли бы ещё де́нег мно́го дава́л... Меня́ ты всё равно́ не бро́сишь. Чтобы найти́ но́вую ба́бу, нужны́ си́лы и здоро́вье. А у тебя́ и того́ и друго́го ма́ло. А ещё ты **лени́вый**! Не бою́сь я тебя́! Сейча́с как начну́ пла́кать, вот тогда́ и посмо́трим...»

— Я не винова́та, что моби́льник вы́ключен, — сказа́ла она́ и запла́кала.

— А кто винова́т?! Кто?! А? — закрича́л Же́ня. — Я?! Я тебя́ с восьми́ утра́ прошу́ найти́ мне одного́ и́ли друго́го. И что слы́шу? Что у них моби́льники вы́ключены! А е́сли бы у них не́ было моби́льников?!

— Как э́то... не́ было бы?.. по поняла́ секрета́рша.

— А вот так! Е́сли в тече́ние пятна́дцати мину́т не бу́дет разгово́ра, ты у меня́ бо́льше не рабо́таешь! Поняла́? И не плачь! Я вас, баб, хорошо́ зна́ю! Здесь **о́фис**, а не **борде́ль**! Здесь ну́жно голово́й рабо́тать, а не...

«Не на́до мне так крича́ть, — поду́мал он. — Не на́до. Весь мой о́фис уже́, наве́рное, под две́рью стои́т. Стои́т, слу́шают, ра́дуются!.. То́чно жене́ расска́жут! Да-а-а... Придётся опя́ть вокру́г жены́ бе́гать. Дороги́е пода́рки опя́ть тре́бовать бу́дет! Вот жизнь! Рабо́таешь тут, рабо́таешь... Себя́, понима́ешь, не жале́ешь... А ба́бы все мной кома́ндуют!»

От э́тих мы́слей он стал совсе́м злым. Он вошёл в кабине́т и кри́кнул:

— Ко́фе! Бутербро́дов! Я сего́дня не за́втракал да́же!!! Бы́стро!

Секретáрша принеслá кóфе и мнóго мáленьких тарéлочек с едóй.

— Пирóжное уберúте! — скомáндовал он.

Секретáрша сдéлала недовóльное лицó и гóрдо вы́шла из кабинéта.

«Чёрт!... Придётся ещё и у э́той просúть прощéния», — подýмал он.

Сегóдня он совсéм не мог себя́ контролúровать. Не мог с той сáмой минýты, как увúдел тогó врачá. Увúдел убúтым. Врачá жáлко нé было. Что получúл, то получúл. Но Жéня не дýмал, что собы́тия пойдýт так бы́стро. Срóчно нáдо поня́ть, почемý онú пошлú так бы́стро. Нáдо предупредúть свойх.

Комментарий

[1] Баба — (груб.) женщина.

(24) Из óкон квартúры Жéня вúдел, как приéхали менты́[1], как подошлú к тéлу, как перенеслú тéло в машúну. Перенеслú как картóшку.

Почемý э́тот старúк попросúл у негó мобúльник? Мобúльник нáдо бы́ло дать. А то старúк стал бы кричáть так, что собралóсь бы пол-Москвы́.

Жéня услы́шал гóлос секретáрши:

— Евгéний Васúльевич, Ю́рий Петрóвич. Говорúть бýдете?

— Чёрт! Да! — крúкнул Жéня.

— Ты чегó, Жéня? — услы́шал он знакóмый гóлос. — Мáло вы́пил вчерá?

— Я сейчáс тебé на мобúльник перезвоню́.

— Случúлось что? — спросúл Ю́рий Петрóвич Васильков́.

— Я сказáл: перезвоню́! Ни с кéм по немý не говорú.

— А с кем мне по немý говорúть?

Жéня тут же перезвонúл.

— Ну, чегó там у тебя́? — с беспокóйством спросúл Ю́рий Петрóвич.

— Сегодня утром нашли труп того врача. Я сам видел.

— И что? Звони на телевидение. Может, героем станешь...

— Юра, ты не понял. Того, понимаешь? Того врача.

Васильков долго думал и наконец сказал:

— Понял. Откуда знаешь?

— Я его труп видел. Я у Лильки ночевал. Ушёл от неё рано. Вышел, а ко мне старик подошёл и сказал, что в кустах труп. Я пошёл посмотреть, ну и...

— Точно он?

— Точно он! Он мне теперь до самой смерти **сниться** будет!

— Волнуешься... — вдруг холодно и зло сказал Васильков. — Обо всём этом надо срочно всё узнать. С ментами не говорил?

— Нет, конечно. Я сразу ушёл. Сразу стал звонить тебе и Борису.

— Что? Так просто взял и ушёл? Так просто стал звонить Борису?

После этих слов Женя понял, что то, что он **устроил** своей секретарше — это нежный ветер по сравнению с тем, что сейчас ему устроит Юрий Петрович. Этого он и боялся.

— Ты что, идиот, не понимаешь, что менты тебя искать будут?! Зачем ты ушёл? Почему их не дождался? Если это действительно тот врач, ты понимаешь, что это может значить?..

— Что? — как дурак спросил Женя.

— Так... Никуда не звони, никуда не ходи. Скажи всем, что заболел, и срочно приезжай. Понял? Ты понял или нет? Да или нет?!

— Понял, — с трудом сказал Женя и повторил: — Понял...

Комментарий

[1] Мент — (груб.) милиционер.

ВОПРОСЫ К ГЛАВЕ 6

(19) 1. Кто такие Олег Полевой, Ольга Дружинина, Семёныч и Дима Мамаев?
2. Что Андрей увидел на месте преступления? Почему там не было следов?
3. Когда и кто нашёл труп? Кто вызвал милицию?

(20) 1. Что сообщил о трупе Дима Мамаев?
2. Что вспомнил Андрей, когда услышал имя Сергея Мерцалова?

(22) 1. Кто дал Белову мобильник, чтобы вызвать милицию? Как звали этого человека?
2. Откуда вышел и куда ушёл неизвестный с мобильником?
3. Кого и почему хотел остановить Андрей?

(23) 1. Кто такой Евгений Бойко?
2. Почему Бойко волновался на работе и кричал на секретаршу?

(24) 1. С кем Бойко разговаривал об убитом Мерцалове?
2. Кто такой Васильков? Что он приказал Евгению?
3. Были ли знакомы с Мерцаловым Васильков и Бойко? Как вы думаете, они связаны с убийством Сергея Мерцалова?

Глава́ 7
02.08.1997. Вто́рник. День

(25) В обе́д Та́ня Ларио́нова прие́хала к подру́ге на рабо́ту. Кла́ва показа́ла ей па́рня, кото́рый сиде́л в маши́не, и сообщи́ла:

— Он за мно́й следи́т.

Подру́га снача́ла реши́ла, что э́то глу́пая шу́тка, а пото́м сказа́ла **серди́то**:

— Да ну́ тебя́![1] Я ду́мала, у тебя́ что́-то случи́лось, а ты...

— Случи́лось! Он здесь с утра́. И когда́ я прие́ду домо́й, он бу́дет стоя́ть о́коло моего́ подъе́зда. А за́втра бу́дет друго́й. Они́ поменя́ются. И второ́й пойдёт за мно́й на рабо́ту. Та́ня, я не шучу́... Я заме́тила его́ в суббо́ту. У вас на да́че. Он стоя́л и кури́л. Я вспо́мнила, что ви́дела его́ ра́ньше. Снача́ла в Москве́, а пото́м в электри́чке. Они́ то́чно хо́дят за мно́й. Я да́же спала́ пло́хо.

— Стра́шно бы́ло? — Та́ня не могла́ пове́рить, что за Кла́вой следя́т. Та́ня рабо́тала в ба́нке и была́ уве́рена, что зна́ет о жи́зни всё. Она́ зна́ла, что за слѐжку на́до плати́ть огро́мные де́ньги. Кто мо́жет плати́ть? Бога́тый любо́вник! А у Кла́вы нет ни бога́тых, ни бе́дных любо́вников...

«Е́сли бы брат нѐ был таки́м дурако́м... — ду́мала она́. — Когда́ э́то бы́ло-то?.. На своём дне рожде́ния он нам сказа́л, что же́нится. Кла́ва тогда́ оста́лась у нас ночева́ть. Я проснѐлась от того́, что услы́шала, как она́ гро́мко пла́чет. Тогда́-то я и узна́ла, что она́ о́чень лю́бит Андре́я...»

Кла́вдия ста́ла говори́ть, что, наве́рное, за ней следя́т по оши́бке, что она́ их не бои́тся, но всё-таки вчера́ хоте́ла позвони́ть Андре́ю.

— Ну и позвони́ла бы, — улыбну́лась Татья́на. — Мнѐ-то ты сра́зу позвони́ла. Слу́шай, как ты ду́маешь, что им мо́жет быть ну́жно от тебя́?

— Да не зна́ю я. Ду́маю, э́то кака́я-то оши́бка. Им ну́жен кто́-то друго́й. Мо́жет, пойти́ и сказа́ть э́тому па́рню, что э́то не я?

— Нет! А вдруг он маньяк? А вдруг убьёт тебя? — испугалась Татьяна.

— Господи! Зачем меня убивать? У меня же ничего нет.

— Клава, может, у тебя в доме клад? В стене? Или в полу? А?

— В моей-то квартире? Мой пол — это потолок соседей. А стена... Тонкая!

— Да-а-а... Квартира у тебя — это не дворец... Брату, конечно, можно позвонить... Но, боюсь, он не поверит.

— Знаю. Он уже сказал мне, что это всё мой фантазии.

— А ты ему успела рассказать?

— Когда ехали с дачи.

— Ну, тогда он и слушать нас не будет! Извини, подруга, но мне надо на работу. Давай сделаем так: вечером я за тобой заеду, и съездим к Андрею.

— Может, не надо? — испугалась Клавдия. — И что мы ему скажем?

— Скажем, что за тобой следят. Пусть теперь он подумает. Он же мент!

— Гениальный сыщик! — улыбнулась Клавдия.

Комментарий

[1] Да ну тебя! — выражает нежелание серьёзно воспринимать сказанное / сделанное кем-либо.

(26) Андрей сидел на кухне Мерцаловых и говорил с Ириной. Она не плакала. Постоянно звонил телефон. В квартиру то входили, то выходили менты. Дима разговаривал с консьержкой, а Игорь и Ольга — с соседями.

— ...Он ушёл с Ники около двенадцати. Я была в ванной. Я слышала, как он закрыл дверь. Он ушёл и больше не вернулся, — говорила Андрею Ирина Мерцалова. Она была не в себе. Она ничего не видела вокруг себя. Андрей был здесь уже больше часа, но ему всё ещё было страшно рядом с ней.

Андре́й пережива́л вме́сте с ней, хотя́ не до́лжен был пережива́ть. Он до́лжен был про́сто рабо́тать. Рабо́тать как всегда́.

Кварти́ра была́ огро́мной и бога́той. Бы́ло ви́дно, что у хозя́ина дела́ шли хорошо́. Стул, на кото́ром сиде́л Андре́й, сто́ил бо́льше, чем он **зараба́тывал** за ме́сяц. Чу́вствовалось, что здесь живёт семья́. Здесь растя́т дете́й, **ссо́рятся**, смею́тся, лю́бят друг дру́га, принима́ют госте́й, по выходны́м гото́вят что́-нибудь вку́сненькое, чита́ют кни́жки, игра́ют с соба́кой...

И ничего́ э́того бо́льше не бу́дет. Никогда́!.. Ни-ког-да́...

«Е́сли бы я тогда́ послу́шал свою́ бы́вшую жену́, он был бы сейча́с жив», — ду́мал он.

— Зна́ете, мы собира́лись в о́тпуск. Он вчера́ сказа́л, что че́рез па́ру дней мы уезжа́ем. Он о́чень не лю́бит о́сень. Всегда́ стара́ется уе́хать от неё. Он у нас со́лнце лю́бит. ...Он **ге́ний**, вели́кий врач. Ра́зве мо́жно бы́ло про́сто так уби́ть тако́го врача́? Я говорю́ э́то не как жена́. Ра́зве таки́х убива́ют?

«Кого́ то́лько не убива́ют... Да́же таки́х, как Серге́й Мерца́лов, — хоро́ших, люби́мых, гениа́льных, — поду́мал он. — А я, майо́р Ларио́нов, для того́ и существу́ю, что́бы уби́йц иска́ть. Ничего́ друго́го де́лать я не уме́ю».

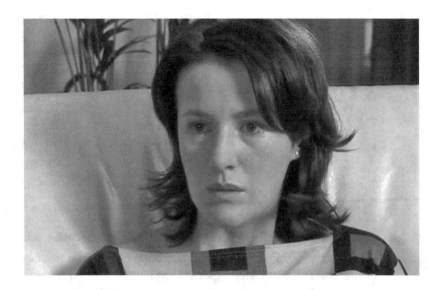

— Ири́на Никола́евна, кого́ боя́лся ваш муж? Кто за ни́м следи́л?

Она́ впервы́е за э́то у́тро посмотре́ла на Андре́я и уви́дела его́.

— Да-да́, — сказа́ла она́. — Как же я забы́ла... Про соба́ку рассказа́ла, про о́тпуск... А гла́вное забы́ла. Он заме́тил, что два каки́х-то челове́ка следя́т за ни́м. А отку́да вы зна́ете, что за ни́м следи́ли? Он говори́л об э́том то́лько са́мым бли́зким. А я об э́том сказа́ла то́лько одно́й свое́й знако́мой. У неё муж сле́дователь. Муж оказа́лся бы́вшим. Он ниче́м не помо́г... Отку́да вы зна́ете?

Андре́й сказа́л:

— Э́тот бы́вший муж — я. Э́то я вам не помо́г...

— Что? — не поняла́ Ири́на Мерца́лова. — Что вы сказа́ли?! Он ничего́ не отве́тил. И тогда́ она́ бро́силась на него́.

(27) Игорь, Оля и Ди́ма собрали́сь в кабине́те майо́ра Ларио́нова.

— Андре́й, дава́й я тебя́ полечу́, — предложи́ла Оля и с **сочу́вствием** посмотре́ла на Андре́я. — Да́-а-а, си́льно она́ тебя́ уда́рила... Как так получи́лось?..

— Не успе́л её останови́ть, — сказа́л Андре́й. А он и не пыта́лся останови́ть Ири́ну Мерца́лову. Андре́й до́лжен был сде́лать что́-то, что́бы она́ смогла́ дать вы́ход своему́ стра́шному го́рю. Поэ́тому, когда́ она́ би́ла его́, он про́сто стоя́л. Она́ би́ла его́ и крича́ла, би́ла и крича́ла, би́ла и крича́ла... Крича́ла, как ра́неная волчи́ца. Он никогда́ не слы́шал, что́бы кто́-то так стра́шно крича́л.

Андре́й сказа́л себе́, что сде́лает все возмо́жное и невозмо́жное, что́бы найти́ уби́йцу. Он обяза́тельно найдёт его́!

— Так... — на́чал он. — Дава́йте посмо́трим, что у нас есть и чего́ у нас не́ту. Серге́й Мерца́лов, три́дцать пять лет, кардиохиру́рг, до́ктор нау́к[1], профе́ссор, дире́ктор Институ́та кардиоло́гии. Говоря́т, что он вели́кий врач. Вчера́ по́здно ве́чером он был заду́шен верёвкой ря́дом со свои́м до́мом, где обы́чно гуля́л с соба́кой. Соба́ка то́же была́ уби́та. Ножо́м. Ве́чер Мерца́лов провёл с семьёй. Семье́ он объяви́л, что они́ е́дут в о́тпуск. Почему́ так неожи́данно? Жена́ говори́т, что он о́сень не люби́л. Но и октя́брь — о́сень. Снача́ла он хоте́л е́хать в о́тпуск в шко́льные кани́кулы. Пе́рвое: почему́ он реши́л е́хать в нача́ле сентября́? Второ́е: почему́ так по́здно пошёл гуля́ть с соба́кой? Жена́ говори́т, что они́ смотре́ли како́й-то фильм, пото́м говори́ли, а про соба́ку забы́ли.

— Мо́жно мне, Андре́й Дми́триевич? — спроси́л стажёр. — Консье́ржка сказа́ла, что соба́ка у них о́чень до́брая, люде́й не бои́тся. Я ду́маю, что соба́ка подбежа́ла к уби́йце, про́сто что́бы...

— ...поздоро́ваться, — договори́л Андре́й.

Ди́мка посмотре́л на **нача́льника**: шу́тит и́ли нет? Тот не шути́л, поэ́тому он сказа́л:

— Ну да, что́бы поздоро́ваться... И он её... раз — и уби́л!

— Вот с э́того «раз» и начина́ются пробле́мы, — сказа́л Йгорь. — Заче́м была́ уби́та соба́ка, е́сли она́ до́брая? Почему́ Мерца́лов пошёл гуля́ть с соба́кой в двена́дцать, е́сли обы́чно гуля́ет с ней в де́вять? Неуже́ли уби́йца ждал его́ три часа́ под дождём? Почему́ на́ша соба́ка не смогла́ взять его́ след?

— Соба́ка была́ уби́та, потому́ что она́ шуме́ла. И́ли уби́йца боя́лся, что она́ мо́жет бро́ситься на него́, — отве́тил стажёр.

— Ди́ма, ты когда́-нибудь про́бовал уби́ть ножо́м большу́ю соба́ку, да ещё таку́ю большу́ю, как была́ у Мерца́лова? — спроси́ла О́льга.

Андре́й чуть-чу́ть улыбну́лся:

— Про́ще уби́ть челове́ка, когда́ он без соба́ки, чем убива́ть ещё и соба́ку. Тем бо́лее ножо́м. Ди́ма, предста́вь, что ты — уби́йца. Ты зна́ешь, что сейча́с бу́дешь души́ть челове́ка. Тебе́ ну́жно **доста́ть** верёвку... пригото́виться к рабо́те... А вме́сто э́того в темноте́ под дождём ты достаёшь нож, кото́рый тебе́ бу́дет меша́ть. Пото́м и́щешь глаза́ми соба́ку, идёшь к ней и убива́ешь её. Соба́ка мо́жет к тебе́ не подойти́... Мо́жет зала́ять... Мерца́лов не идио́т, он не пошёл бы в кусты́ без причи́ны. У уби́йцы бы́ло секу́нды четы́ре, пока́ Мерца́лов по́нял, что с его́ соба́кой что-то случи́лось. По́нял и побежа́л к ней. А он мужи́к молодо́й и здоро́вый. И, наве́рное, си́льный, как все хиру́рги.

— Почему́ нож и верёвка? — спроси́ла О́льга. — Почему́ не пистоле́т? С пистоле́том ему́ бы́ло бы про́ще.

— И́ли ей, — доба́вил Йгорь.

— Да, — согласи́лся стажёр. — И́ли ей.

Комментарий

[1] Доктор наук — самая высокая (после кандидата наук) учёная степень.

(28) — Ну, продолжим, коллеги — сказал Андрей. — Ночь Сергей Мерцалов пролежал в кустах. Жена искала его, звонила в милицию, ходила к консьержке. Они выходили на улицу, но далеко не пошли. Консьержка вернулась, а Мерцалова говорит, что бегала на улицу и звала то собаку, то мужа. Ей никто не отвечал. В семь минут седьмого в сквере появился Белов Владимир Иванович и увидел тело. Он стал искать телефон и остановил мужчину, который разрешил ему позвонить со своего мобильника. Мужчина тоже видел труп. Он посмотрел на тело, и ему стало плохо. На четырёх пальцах правой руки у него татуировка «Женя». Завтра будет его фоторобот. Начнём его искать. Непонятно, почему он не подождал милицию. Непонятно, почему ушёл туда, откуда пришёл. Непонятно, куда он шёл так рано. Ребята его типа, как правило, в семь утра работать не начинают.

— Может, на самолёт спешил, — сказал Димка.

— Его бы ждала машина, — Андрей посмотрел на стажёра, — и он не побежал бы обратно в переулок. Может, конечно, он ментов не любит. А может, он узнал убитого и почему-то испугался. Ты, Дима, займёшься Женей с татуировкой. Сделай с Беловым фоторобот и начинай его искать по квартирам. Думаю, ты его найдёшь. Если нет, то я поговорю с телефонными компаниями. Не думаю, что так рано утром в милицию было много звонков с мобильников. Найдём. Оля, ты — по соседям, а ты, Игорь, — к убитому на работу.

Почему-то Андрей не сказал Ольге и Диме, что за Мерцаловым следили и его жена рассказала об этом своей знакомой — его бывшей жене.

— А я, — продолжил Андрей, — поговорю с родственниками.

После того как Дима и Ольга вышли из кабинета, Игорь спросил:

— А чего́ э́то жена́ Мерца́лова так на тебя́ бро́силась? С го́ря?

— Я спроси́л у неё, кто и как следи́л за её му́жем. Я ей сказа́л, что я — тот са́мый мент и бы́вший муж, кото́рому звони́ла её знако́мая.

— Ты с ума́ сошёл, — сказа́л Игорь ску́чным го́лосом.

— Да, — согласи́лся Андре́й.

(29) Ю́рий Петро́вич Василько́в, кото́рому позвони́л Же́ня, счита́л себя́ челове́ком споко́йным. Э́того тре́бовал би́знес. Василько́в не люби́л тра́тить вре́мя и си́лы на свои́ и чужи́е не́рвы. Но на идио́та Же́ньку он разозли́лся так, как никогда́ в жи́зни не зли́лся.

«По́лный идио́т! Ушёл от тру́па, не дожда́лся менто́в! Мог бы уйти́, е́сли бы его́ никто́ не ви́дел. Бори́су хоте́л звони́ть! Идио́т!!! Таки́х идио́тов в Москве́, как э́тот чёртов Же́нька, бо́льше нет!» — зло ду́мал Василько́в.

Он сам прове́рил Же́нькину информа́цию. Да, э́то был тот са́мый врач.

«Неде́лю наза́д э́тот врач был здоро́в и ве́сел. Хара́ктер нам свой пока́зывал, сво́лочь, — ду́мал Василько́в. — Же́ньку-идио́та менты́ найду́т. А он, дура́к, коне́чно, ска́жет им, что врача́ не знал и в больни́це у него́ никогда́ не́ был. На́до бу́дет его́ научи́ть, как с мента́ми разгова́ривать».

— Ю́ра! — позвала́ жена́. — Ю́ра, ты чего́ закры́лся в каби́нете?

До э́того жена́ ссо́рилась с до́черью. Он не слу́шал, о чём они́ крича́ли. Он знал, что они́ к нему́ прибегу́т, что́бы он сказа́л, кто из ни́х прав, а кто — нет.

— Заходи́! — разреши́л жене́ Василько́в. — Что вы там опя́ть кричи́те?

Вошла́ жена́. Она́ принесла́ с собо́й **за́пах** дороги́х **духо́в** и ко́фе. Оде́та она́ была́ мо́дно и до́рого. Василько́в стал бы́стро-бы́стро ду́мать, куда́ они́ сего́дня должны́ идти́. Оказа́лось никуда́. У жены́ бы́ли свои́ пла́ны.

Жена́ сообщи́ла, что дочь не е́дет с ни́ми в о́тпуск, а остаётся в Москве́.

За жено́й в кабине́т вошла́ дочь и подтверди́ла:

— Я остаю́сь в Москве́!

«Каки́е же они́ у меня́ краса́вицы! Да́-а-а, де́ньги мо́гут всё! Их красота́ сто́ит до́рого. О́чень! Их красота́ — рабо́та мно́гих люде́й, а не приро́ды. Своего́ уже́ ничего́ нет. Но как же краси́во!» — ду́мал он, когда́ смотре́л на свои́х же́нщин.

Он слу́шал жену́ и дочь без волне́ния. У него́ всегда́ был оди́н, но о́чень си́льный **аргуме́нт**: «Не бу́дешь слу́шаться — не бу́ду дава́ть де́ньги!» Э́тот аргуме́нт всегда́ помога́л в разгово́ре и с до́черью, и с жено́й.

Когда́-то Василько́в рабо́тал в нау́чном институ́те и мечта́л стать вели́ким учёным. Де́нег не́ было. Ничего́ не́ было... И вот одна́жды он всё по́нял про э́тот аргуме́нт. С э́того моме́нта жизнь ста́ла ле́гче в ты́сячи раз!

Пра́вда, е́сли бы де́ньги у него́ бы́ли всегда́, то э́тот аргуме́нт не́ был бы таки́м серьёзным. Но де́ньги пришли́ неда́вно. Дочь Да́ша и жена́ ещё не забы́ли, как тру́дно они́ жи́ли на то, что он зараба́тывал, когда́ занима́лся нау́кой.

Когда́ на краси́вом лице́ до́чери появи́лись **слёзы**, он твёрдо сказа́л:

— Да́ша, ты е́дешь с на́ми. Кольцо́, о кото́ром говори́ла, покупа́й. Я де́нег дам. И не ссо́рьтесь. Я уста́л. У меня́ пробле́мы на рабо́те...

Дочь ещё немно́го попла́кала, что́бы у отца́ оста́лось чу́вство вины́. Из кабине́та отца́ она́ ве́село побежа́ла в свою́ ко́мнату. «Никогда́ бы на э́то дорого́е кольцо́ про́сто так он мне де́нег не дал бы! Глу́пый! Ду́мает, что э́то он руководи́т мной и ма́мой... Бе́дный па́почка!..» — ду́мала Да́ша.

— Что за пробле́мы? — спроси́ла жена́, когда́ дочь вы́шла.

— Ну́жно Бори́су звони́ть...

— Зна́чит, что́-то серьёзное... Всё так пло́хо?

— Не пло́хо, а непоня́тно. Мо́жет, Бори́с всё зна́ет. Но тогда́ стра́нно, что он меня́ не предупреди́л. Вот что пло́хо...

Жена́ заволнова́лась и спроси́ла:

— Что же де́лать, Юра? А?

— Сейча́с ты уе́дешь по свои́м дела́м... Куда́ ты там собира́лась? На како́й-то конце́рт? Ты уе́дешь, а я позвоню́ Бори́су... Мо́жет, что́-нибудь и пойму́...

Успока́ивать её он не хоте́л. Он знал, что жена́ ему́ не помо́щница. А ведь когда́ они́ бы́ли бе́дными, она́ не сли́шком люби́ла де́ньги, была́ не сли́шком краси́вой, но, ка́жется, была́ до́брой...

Жена́ весь конце́рт ду́мала: «Что бу́дет со мно́й и Да́шей, е́сли у него́ начну́тся серьёзные пробле́мы? Из-за таки́х пробле́м лю́ди **исчеза́ют**. Се́мьями исчеза́ют. Я таки́х мно́го зна́ла. Ви́дела их за грани́цей, в теа́трах, на о́тдыхе... Всё-то у них бы́ло замеча́тельно!.. А пото́м... Раз! И нет семьи́! Всё! Ко́нчилась! Нет, я так не могу́! На́до что́-то приду́мать! Ду́май же! Ду́май!»

Весь конце́рт она́ ду́мала, ду́мала и... приду́мала! То, что она́ приду́мала, показа́лось ей гениа́льным!

(30) Василько́в наконе́ц позвони́л Бори́су и сказа́л, что уби́ли того́ са́мого врача́.

— Неуже́ли уби́ли? — удиви́лся Бори́с.

— Уби́ли. Же́нька свои́ми глаза́ми труп ви́дел.

— Вот дела́! — засмея́лся **шеф**. — Что бы э́то зна́чило, не зна́ешь? А?

И Василько́ву о́чень хоте́лось э́то знать. Он почти́ был уве́рен, что шеф всё об э́том зна́ет.

— Же́нька как его́ узна́л, так побежа́л отту́да. Его́, коне́чно, менты́ сра́зу найду́т. Но пока́ ещё не нашли́. Ну, я ему́ сказа́л уже́, что на́до говори́ть.

— Молоде́ц, — сказа́л шеф так, что у Василько́ва во́лосы вста́ли на голове́. А ведь мину́ту наза́д он так же говори́л с Же́нькой. — Э́то ты всё приду́мал?

— Что? — не по́нял Василько́в.

— Ну... убра́ть его́? И́ли Же́нька? Чья рабо́та?

— Ты чтó, Борúс? — спинá Василькóва стáла мóкрой. — Мы не убирáли…

— А кто убрáл? А, Ю́ра? Кто?

Василькóв нáчал бы́стро-бы́стро дýмать: «Éсли врачá убрáли ребя́та Борúса, их никогдá не найдýт. Менты́ слабéе их. Éсли Борúс хóчет сдéлать меня́ во всём виновáтым, то нáдо чтó-то срóчно придýмать. Врач ужé ничегó не расскáжет. А я? Я знáю всё. Знáчит, я Борúсу опáсен. Что шеф задýмал?»

— Ты спишь там, Ю́ра? — спросúл шеф лáсково. — Не спи, дорогóй. Жизнь пройдёт мúмо. Так чтó у вас там? А?

— Я покá не пóнял, Борúс. Я прóсто звоню́ сообщúть, что Жéнька…

— Мне не интерéсно о Жéньке, — остановúл шеф. — Узнáй всё и позвонú через секретаря́. На мобúльник не звонú. Я не знáю, что вы там сдéлали…

Это бы́ло совсéм плóхо. Знáчит, тепéрь Василькóв не мóжет звонúть Борúсу напряму́ю, а дóлжен звонúть через когó-то?! Катастрóфа! У́жас!

Он положúл трýбку, закры́л глазá и нáчал нéрвно дýмать: «Кто убúл врачá? Свой? Чужúе? Как это провéрить? Борúс чтó-то знáет, но молчúт. Меня́ хóчет сдéлать виновáтым? Я емý бóльше не нýжен? Знáчит, и меня́ мóжно убрáть? Éсли врачá приказáл убрáть Борúс… А зачéм Борúсу убивáть врачá? Чтóбы он ничегó не рассказáл ментáм? Почемý Жéнька оказáлся на мéсте преступлéния? Случáйно? Не вéрю я в такúе случáйности… Знáчит, Жéнька знáет бóльше, чем говорúт? Это совсéм плóхо. Тогдá слéдующим бýду я…»

Делá у Василькóва шли отлúчно. **Алмáзы** спокóйно уходúли за гранúцу. Дéньги рослú на счетáх в бáнках. Жéнька переводúл эти дéньги в **налúчные**. Жéнька не знал, на когó рабóтает, кто глáвный. Василькóв тóже знал тóлько то, что емý нýжно бы́ло знать. В результáте Василькóв считáл себя́ богáтым, потомý что у негó хватáло дéнег на дéвочек, сáуну и дорогýю машúну[1].

Василькóв никáк не мог успокóиться: «Неужéли я бóльше не нýжен Борúсу? Почемý?! Где я сдéлал ошúбку? Институ́т кардиоло́гии — моя́ иде́я. Иде́я и... оши́бка. Но всё же зако́нчилось хорошо́. Заче́м тогда́ убива́ть э́того врача́ и меня́? Как хорошо́ бы́ло, когда́ я рабо́тал в институ́те! Там не́ было ни пробле́м, ни стра́ха, ни де́нег. Подожди́... Успоко́йся... Ещё ничего́ не случи́лось. Ну, говори́л хо́лодно со мно́й шеф... Не пе́рвый раз говори́л. И ещё мно́го раз так бу́дет говори́ть. Шеф то́же, наве́рное, си́льно удивлён. Осо́бенно, е́сли э́то не он приказа́л убра́ть врача́. Ну! Ду́май! Ду́май! Дава́й же ду́май!..»

Комментарий

[1] Девочки, сауна и дорогая машина — здесь: о символах мужского благополучия в 90-ые годы XX века в России.

(31) По́сле разгово́ра с Бори́сом Василько́в пое́хал по дела́м. В середи́не дня он реши́л позвони́ть Же́ньке на моби́льный. Же́нькин моби́льник не отвеча́л. Он ещё сильне́е на́чал волнова́ться и позвони́л его́ секрета́рше.

— А его́ нет! — зло сказа́ла она́.

— Когда́ бу́дет? — спроси́л он и почу́вствовал, что се́рдцу стано́вится хо́лодно.

— А не зна́ю! Он сро́чно уе́хал в командиро́вку.

— Куда́? — Василько́в по́нял, что случи́лось са́мое плохо́е.

— В Калинингра́д. Пото́м в Литву́. Обеща́л звони́ть. Я скажу́, что вы звони́ли.

— Да-да́. Коне́чно... Переда́йте, пожа́луйста, что я бы хоте́л с ним переговори́ть, — сказа́л Василько́в уже́ не го́лосом нача́льника.

Секрета́рша положи́ла тру́бку.

«Всё поня́тно, — поду́мал он, — они́ уже́ подбро́сили доказа́тельства мента́м, что врача́ уби́л я. Я и́ли по моему́ прика́зу. Что де́лать? Почему́ я Бори́су бо́льше не ну́жен? Что меня́ ждёт: тюрьма́ и́ли ещё ху́же? А е́сли Же́нька не убива́л? Тогда́ почему́ он уе́хал? Мо́жет... его́ то́же уже́ уби́ли?!»

63

Васильков говорил себе: «Ты не виноват. Алмазы за границу ты не вывозил. **Наркотиками** ты не торговал. Это всё Борис. Он главный! А ты... ты только оформлял дела Бориса официально... И всё!.. Ты — руководитель **благотворительного фонда**! Конечно, фонд благотворительностью не занимался. Но это доказать почти невозможно! Когда же Борис перестал мне верить? И почему?!»

Полгода назад между ними начались кое-какие сложности. Борису надо было срочно уехать за границу. Из страны Бориса **выпускать** не хотели. Появилась идея, что Борису надо делать срочную операцию за границей. Такую, которую в России никто не делает. Решили, что это будет операция на сердце. Болезни сердца удобны: болит оно — не видно, и не болит — тоже не видно.

Васильков выбрал для этого дела хирурга Мерцалова. Казалось, узнал о нём всё. В медицинском мире он известен и уважаем. Молодой. Любит деньги. Оперирует клиентов, которые могут платить. Деньги с них берёт, а **налоги** не платит! Васильков был уверен, что Мерцалов всё сделает как надо, подпишет нужные бумаги.

Говорить с Мерцаловым пошёл Женька. Мерцалов на него так стал кричать! Чуть по морде Женьке не дал!

Васильков понял, что не всё узнал об этом враче. Значит, он сделал ошибку. А если бы этот Мерцалов пошёл на Петровку и всё рассказал?

Может, поэтому Борис решил убрать и врача, и Василькова, и Женьку?

«Господи, что же делать? Что делать?» — думал Юрий Петрович.

Болели голова и сердце. Васильков поехал домой. Вошёл в дом, крикнул:

— Девочки! Где вы?

Никто не ответил. На кухонном столе лежала записка. Он взял её. Жена писала: «Милый, прости! Мы с Дашей решили уехать. Не ищи нас. Ты нас никогда больше не увидишь. Позже сообщим, где мы».

В глаза́х ста́ло темно́. Бе́лая запи́ска ста́ла чёрной. Бу́квы исче́зли. Его́ се́рдце станови́лось всё бо́льше и бо́льше. А пото́м в се́рдце как бу́дто чём-то уда́рили. И ско́ро уже́ от его́ се́рдца ничего́ не оста́лось...

ВОПРОСЫ К ГЛАВЕ 7

(25) 1. Зачем Таня приехала на работу к Клавдии?

2. Что Таня знала о чувствах Клавдии к Андрею? Как она об этом узнала?

3. Что не понравилось Тане в планах Клавдии?

4. Куда Таня предложила Клаве поехать вечером?

(26) 1. Как звали жену Сергея Мерцалова? Кто её допрашивал?

2. Почему Андрей не мог работать по делу Мерцалова, как работал всегда?

3. Что думал Андрей о семье Мерцаловых, как представлял себе их жизнь?

4. Что Ирина рассказала: а) о своём муже? б) о планах семьи?

5. О чём Ирина Мерцалова забыла рассказать Андрею?

(27) 1. За что Ирина бросилась на Андрея? Почему он не пытался остановить её?

2. Что Андрей пообещал себе?

3. Как Андрей описал то, как произошло убийство?

4. На какие вопросы у Андрея пока не было ответов?

(28) 1. Как, по мнению Андрея, развивались события после убийства Мерцалова? Что Андрей никак не мог понять?

2. Какое задание Андрей дал: а) стажёру Димке? б) Ольге? в) Игорю? Чем он сам реши́л заняться?

(29) 1. Кем был Юрий Петрович Васильков в прошлой жизни? Как он жил? Почему поменял работу?

2. Каким человеком считал себя Васильков?

3. Что думал Васильков о Мерцалове?

4. Что происходило утром в семье Василькова? Чем эта семья была непохожа на семью Мерцаловых или Литвиновых?

5. Как Васильков контролировал жену и дочь? А они его?

(30) 1. Кто такой Борис? Почему Васильков позвонил ему? Что он хотел узнать?

2. О чём и как говорил Борис с Васильковым?

3. В каком состоянии был Васильков после разговора с шефом?

4. Какой бизнес был у Василькова? Почему он считал себя богатым человеком?

5. О чём сожалел Васильков? Чем он себя успокаивал?

(31) 1. Куда уехал Бойко? Как и от кого Васильков узнал, где он находится?

2. Чем занимался Борис? А Васильков с Бойко?

3. Зачем Евгений Бойко ходил к Мерцалову? Кто и почему ему дал такое задание?

4. Почему Мерцалов был опасен для Бориса и его людей?

5. Что сделали жена и дочь Василькова?

6. Что случилось с Васильковым, когда он прочитал записку?

7. Вы уже подозреваете кого-нибудь в убийстве Мерцалова?

Глава́ 8
02.09.1997. Вто́рник. Ве́чер

(32) Ве́чером Кла́вдия и Татья́на прие́хали домо́й к Андре́ю. Та́ня до́лго звони́ла в дверь, но дверь никто́ не открыва́л. Вдруг они́ услы́шали, что кто́-то идёт по ле́стнице. Э́то был Андре́й. Кла́вдия сра́зу заме́тила, что он о́чень уста́л. Андре́й откры́л дверь и сказа́л:

— Заходи́те, девчо́нки! Есть хоти́те? Карто́шку жа́реную бу́дете?

— Бу́дем, — отве́тила Кла́вдия неуве́ренно и посмотре́ла на Та́ню.

Когда́ ста́ли у́жинать, он спроси́л:

— А вы чего́ прие́хали-то?[1]

— У нас к тебе́ де́ло, — ти́хо сказа́ла Кла́вдия и доба́вила: — ...бы́ло.

— У вас ко мне́ бы́ло де́ло? — удиви́лся Андре́й. — Како́е тако́е де́ло? А?

— По́мнишь, когда́ мы е́хали с да́чи, я тебе́ одного́ па́рня показа́ла?

— Ты ещё сказа́ла, что он за тобо́й следи́т, — улыбну́лся Андре́й.

— Да. Он действи́тельно за мно́й следи́т! Я его́ ещё раз ви́дела у своего́ до́ма. Он прие́хал ра́ньше нас. В воскресе́нье за мно́й следи́л второ́й па́рень. А сего́дня у апте́ки сно́ва был пе́рвый.

Андре́й слу́шал Кла́вдию, а ви́дел пусто́е лицо́ Йры Мерца́ловой, её уби́того му́жа, их уби́тую соба́ку... А ещё он слы́шал, как она́ крича́ла...

Андре́й посмотре́л на подру́г. В э́тот моме́нт он их ненави́дел.

— Так, — сказа́л он споко́йно. — И что? Второ́го ты то́же узна́ла?

— Да. Да! Они́ не пря́чутся. Хо́дят за мно́й и хо́дят.

— А ты? — Андре́й хо́лодно посмотре́л на Та́ню. — Ты то́же их ви́дела?

— То́лько одного́. У апте́ки. Мне его́ Кла́ва показа́ла.

— Почему́ ты ра́ньше э́того не замеча́ла? — спроси́л Андре́й у Кла́вдии.

— Не зна́ю... Я пе́рвого вспо́мнила, когда́ его́ на да́че уви́дела...

«Ты не вспо́мнила, а приду́мала!» — поду́мал Андре́й.

— Андре́й, а ты чего́ тако́й злой? — Та́ня посмотре́ла на бра́та. — Нам же стра́шно. Мы не зна́ем, что де́лать... Вот и реши́ли у тебя́ спроси́ть...

— У меня́ спра́шивать ничего́ не на́до. На́до у подру́ги твое́й спроси́ть.

— Что? — Кла́вдия посмотре́ла ему́ в глаза́.

— Пе́рвое. Не но́сишь ли ты домо́й каки́х-нибудь лека́рств? Второ́е. Не броса́ла ли ты в после́днее вре́мя бога́тых мужико́в? Тре́тье. Не предлага́ли ли тебе́ прода́ть твою́ замеча́тельную кварти́ру и́ли руководи́ть НА́ТО[2]?

Кла́вдия вста́ла, сме́ло улыбну́лась, но в душе́ о́чень хоте́ла запла́кать:

— Ты спра́шиваешь, не торгу́ю ли я нарко́тиками и нет ли у меня́ бога́того любо́вника? Нет. Моя́ одноко́мнатная кварти́рка никому́, как ты понима́ешь, не нужна́. А про руково́дство НА́ТО я не о́чень поняла́.

68

— Так и знал! — он тоже быстро встал. — Твои ответы: «нет», «нет» и «нет»! Пойми, за тобой незачем следить! Алмазы за границу не вывозила?

— Пошёл к чёрту! — сказала Клавдия и опять села на стул. Он так удивился, что у него даже открылся рот.

Некоторое время Андрей молча смотрел на Клавдию и сестру, которые сидели за его кухонным столом. Он не знал, что ещё может им сказать...

— Слушай, — сказала сестра, — может, Клаву с кем-то путают?

— Что? — переспросил Андрей, с удивлением посматривая на Клавдию. — Ну... может, конечно. Если дня два за ней ходят. Если неделю — не может!

— Почему не может, если неделю? — испугалась Клавдия.

— Потому что за неделю заказчик понял бы ошибку.

— Они ходят за мной больше недели...

— Значит, это тебе кажется.

Андрей вспомнил, как бывшая жена говорила, что Сергею Мерцалову казалось, что за ним кто-то следит. Поэтому он и хотел поговорить с ним.

Вчера вечером... нет, ещё сегодня утром он обязательно выгнал бы подругу сестры, рассказывающую ему, что за ней следят. Но Сергей Мерцалов убит. Конечно, их нельзя сравнивать: гений медицины и бедная аптекарша...

Клавдия врёт? Что у неё в голове? Но её лицо, руки, страх в глазах...

— Я разберусь. Слышишь, Клавдия? Завтра попрошу Диму, он тебя встретит с работы и проводит до дома. А утром проводит на работу.

— Спасибо, Андрей, — сказала Клавдия и быстро пошла в ванную. В ванной она открыла воду. Итак, он попросит стажёра. Он не хочет ей заниматься. Она ему совсем неинтересна, и её проблемы ему не нужны.

Девушки ушли, а Андрей пошёл мыть посуду. Он мыл посуду и думал, что завтра Димка скажет, что никто за Клавдией не следи́т, и э́то то́лько её стра́хи. У него́ на душе́ сра́зу ста́нет споко́йнее. В э́тот ве́чер он ра́но лёг спать и бы́стро усну́л. Ему́ э́то удало́сь, потому́ что он запрети́л себе́ до за́втра ду́мать о Серге́е Мерца́лове. Просну́лся он через не́сколько часо́в. До утра́ он лежа́л, ду́мал и кури́л...

Комментарии

[1] Вы чего приехали-то? = Почему вы приехали?
[2] НАТО — военная Организация Североатлантического договора (англ. NATO — North Atlantic Treaty Organization).

(33) Та́ня с Кла́вдией вы́шли от Андре́я, се́ли в Та́нину маши́ну и пое́хали в Кла́вину кварти́ру. Та́ня посмотре́ла на подру́гу и спроси́ла:

— Мо́жет ты всё э́то приду́мала? Хо́чешь, что́бы Андре́й заня́лся тобо́й?

— Ничего́ я не приду́мала! За мно́й следя́т! Ты должна́ мне ве́рить! А люблю́ я его́ с двадцати́ лет. Люблю́ и бу́ду люби́ть!

— Ну и ду́ра...

Да́льше подру́ги е́хали молча́.

— Спаси́бо, — сказа́ла Кла́вдия и вы́шла из маши́ны.

— Е́сли что узна́ешь — сра́зу звони́. Е́сли я узна́ю, то́же сра́зу позвоню́. На́до бу́дет, ещё к Андре́ю съе́здим. Дава́й, пока́! Не волну́йся!

— Пока́, Таню́ша!

Та́ня уе́хала, а Кла́вдия вошла́ в подъе́зд. Поднима́лась по ле́стнице и ду́мала об Андре́е и о тех, кто за не́й следи́т. Неожи́данной опа́сности она́ не почу́вствовала. Вдруг ле́стница ушла́ у неё из-под ног. Кла́ва си́льно уда́рилась голово́й о сте́ну и упа́ла. Всё случи́лось так бы́стро, что она́ то́лько и успе́ла поду́мать: «Неуже́ли я случа́йно упа́ла?»

Вдруг ста́ло ужа́сно бо́льно. А через мину́ту она́ поняла́, что в подъе́зде одна́. Огляну́лась вокру́г и обнару́жила, что су́мка пропа́ла.

Нога́ и рука́ ужа́сно боле́ли. Взяв ру́ку как ребёнка, она́ заговори́ла:

— Вот сво́лочи... Го́споди, каки́е сво́лочи... Ну каки́е же сво́лочи, Го́споди...

Заче́м взя́ли су́мку? Там же ничего́ нет! А что в ней бы́ло? Вспо́мнить бы... Де́ньги. На хлеб и молоко́. Проездно́й¹. Проездно́й на ме́сяц. Ме́сяц то́лько начина́ется! Почему́ она́ не положи́ла проездно́й в ку́ртку?! Очки́. Три ру́чки. Записна́я кни́жка. Па́спорт до́ма. Па́спорт то́чно до́ма. Ключи́...

Здоро́вой руко́й она́ ста́ла иска́ть в ку́ртке ключи́. Взя́ли?! О́чень пло́хо! Ужа́сно! Как она́ попадёт домо́й? Где бу́дет ночева́ть? Что тепе́рь де́лать с замко́м? Меня́ть и́ли ждать банди́тов? ...Спаси́бо, Го́споди! Ключи́ на ме́сте!

Она́ ме́дленно дошла́ до кварти́ры, откры́ла её, вошла́, включи́ла свет, закры́ла дверь.

Су́мку бы́ло жа́лко, хотя́ её давно́ уже́ на́до бы́ло вы́бросить. Вот бы пойма́ть э́тих сволоче́й, взя́вших её ста́рую су́мку. Го́споди, как же си́льно боли́т рука́! За́втра на рабо́ту. Как с тако́й руко́й рабо́тать? И ещё проездно́й...

Она́ пла́кала снача́ла ти́хо, а пото́м всё гро́мче и гро́мче:

— Что же э́то за жизнь-то така́я?.. Ну когда́ же э́то всё ко́нчится? Так же жить невозмо́жно!.. Сво́лочи! На́до же быть таки́ми сволоча́ми...

В дверь позвони́ли. Кла́ва с у́жасом посмотре́ла на дверь и поду́мала: «**Банди́ты**! Тепе́рь они́ пришли́ за мно́й!» Она́ ти́хо-ти́хо подошла́ к две́ри...

— Кла́ва! Кла́ва! Откро́й! Это я, тётя Ма́ша!

«Сосе́дка!» — поняла́ Кла́ва, откры́ла дверь и сра́зу уви́дела в рука́х тёти Ма́ши свою́ су́мку.

— Твоя́ су́мка?.. — спроси́ла сосе́дка. — Смотрю́, у две́ри лежи́т. Забы́ла что ли?

— Моя́... Спаси́бо, тётя Ма́ша...

Как то́лько сосе́дка ушла́, Кла́вдия побежа́ла в ко́мнату, се́ла на дива́н и ста́ла смотре́ть, что взя́ли из су́мки. Всё бы́ло на ме́сте. Ничего́ не взя́ли!

Сумку вернули, ничего из неё не взяли.

Зачем эти сволочи сначала отобрали сумку? Зачем эти сволочи сразу вернули сумку? Почему ничего не взяли? Что же это такое происходит?! Всё станет ясно, если она найдёт ответы на эти вопросы. А ведь сумка зачем-то была нужна тем, кто за ней следит. Значит... значит, всё-таки за ней следят!..

Раньше Клава только удивлялась тому, что за ней следили. Теперь же ей стало очень страшно. Так страшно, что захотелось куда-то убежать. «Позвонить в милицию? Андрею? Тане? И что сказать? Сказать, что отобрали сумку, ничего не взяли, и я теперь сижу тут и всего боюсь?» — подумала она и проверила, закрыта ли дверь на все замки. После этого она подошла к шкафу и открыла его. Внизу под одеждой лежал острый нож. Он много раз помогал ей в детдоме. Она положила нож под **подушку** и прямо в одежде легла на диван.

Комментарий

[1] Проездной — вид билета, дающего права в течение месяца ездить на общественном транспорте.

ВОПРОСЫ К ГЛАВЕ 8

(32) 1. Куда вечером поехала Клавдия с подругой? Зачем?

2. Что вспоминал Андрей, когда слушал Клавдию? Почему он сначала решил, что она всё придумала?

3. Почему Андрей всё-таки поверил подруге сестры?

4. Какое решение принял Андрей? Как к этому решению отнеслась Клавдия?

5. О чём думал Андрей, когда девушки ушли? О ком он запретил себе думать?

(33) 1. Что случилось с Клавдией в этот вечер?

2. Что было в сумке Клавдии? Кто вернул ей сумку? Что преступники взяли из сумки?

3. Что думала Клавдия об истории с сумкой? На какие вопросы у неё не было ответа?

4. Что Клавдия достала из шкафа? Зачем?

Глава 9
03.09.1997. Среда. Утро

(34) Утром Дима Мамаев был очень сердит на майора Ларионова. Майор дал ему другое задание. А ведь Дима вчера весь вечер думал, как найдёт убийцу. Он уже представлял себе, как возьмёт этого Женю — этого ужасного маньяка-убийцу! Ещё Димка думал о том, что майор, конечно, опытный мент, но и он, Дима Мамаев, тоже не мальчик! И вот Ларионов дал ему какую-то глупейшую работу. Ну, майор, ну, спасибо тебе за это большое…

Кто такая эта аптекарша? Зачем она нужна Ларионову? И почему он, Дима, должен проверить, следят за ней или нет? Пусть майор сам это и проверяет! Не Дима, а Оля Дружинина пошла по квартирам… Если она найдёт этого Женю, то героем будет она. Она, а не Дима! Дима давно понял, кто убийца. Понял, но пока молчит. Молчит, чтобы потом стать главным героем! Но, может…, может он и неправ… Тогда никто не узнает, что он ошибался!

«Откуда эта аптекарша? Подруга? А может, любовница? — думал Димка. — Нет, не любовница. Майор в женщинах понимает. А в аптекарше ничего интересного нет. Вот однажды майора после работы ждала действительно очень красивая женщина на очень дорогой машине. И я бы с такой познакомился…»

Из машины Дима видел, что людей в аптеке много. А ещё он заметил, что аптекарша как-то странно держит руку. Как будто рука недавно была сломана.

Стажёр наблюдал не только за аптекой, но и за улицей. С утра здесь стояли только две машины: «Жигули» и ещё какая-то. В «Жигулях» сидел парень, который, то читал газету, то спал. Хозяина второй машины видно не было. Он приехал и сразу куда-то ушёл и больше не появлялся. Да, «весёленькое» задание дал Димке майор Ларионов…

Дима решил зайти в аптеку, чтобы посмотреть на аптекаршу. Оказалось, что у неё приятная улыбка и красивые **рыжие** волосы. Кроме этого, она молодая и... **приветливая** (ко многим покупателем она обращалась по имени-отчеству). Диме такие нравились. Он купил у неё конфетки от кашля, вернулся в машину и снова вспомнил Мерцалова.

Этого врача Дима видел по телевизору в программе «Здоровье». И вот вчера Димка увидел Мерцалова вместе с его собакой на холодной земле. С этого момента Димка ни о чём другом думать уже не мог. Он хотел поймать и **наказать** убийцу. Димка был уверен, что он найдёт убийцу! А ещё он думал, что если он не найдёт убийцу, то его обязательно найдёт Ларионов.

Димка заметил, как ко второй машине подошёл какой-то человек, сёл в неё и куда-то уехал. Он ещё раз внимательно посмотрел на «Жигули» и вдруг заволновался: «Может, за аптекаршей и правда следят? Например, парень в "Жигулях"? Что он тут с утра делает? Офисов здесь нет. Да и "Жигули" — машина не офисная. Та-а-ак... Встану-ка я в другом месте, чтобы он меня не видел, а я хорошо мог видеть и аптеку, и его. Ну-ну, посмотрим, посмотрим...»

(35) У Игоря Полевого с утра тоже было много дел. День он решил начать с института, директором которого был Сергей Мерцалов. Он думал, что быстро поговорит с кем надо и поедет по другим делам. Но быстро не получилось. У всех был какой-то шок. Секретарша Мерцалова плакала, не могла успокоиться и всё повторяла:

— Господи, что же теперь будет с нами? Как же мы теперь-то?..

— Помогите мне, — сказал ей Игорь. — Мы говорим с вами полтора часа, но я пока ничего от вас не узнал. В день убийства доктор Мерцалов с утра отвёл детей в школу. Затем сделал две операции. Правильно? Потом провёл **совещание** с врачами. Ну, а дальше?

— Да-да… С утра́ шко́ла. Пе́рвое сентября́ ведь… Пото́м прие́хал в институ́т. Опера́ции и совеща́ние он, как всегда́, провёл отли́чно. Пото́м он в министе́рство уе́хал. Верну́лся по́здно. Полшесто́го.

— В полови́не шесто́го — э́то по́здно? А когда́ он обы́чно ухо́дит?

— Ой, э́то по-ра́зному. У нас же больни́ца… Он рабо́тал о́чень мно́го. Он не про́сто дире́ктор институ́та, он — опери́рующий врач! Гениа́льный врач! Его́ приглаша́ли опери́ровать в други́е больни́цы и да́же за грани́цу!

— Что бы́ло по́сле того́, как он прие́хал из министе́рства?

— Приходи́л Алекса́ндр Дми́триевич Го́льдин, его́ зам[1].

— Что бы́ло по́сле того́, как зам ушёл? Бы́ло что́-то стра́нное?

— Нет. Попроси́л позвони́ть в турфи́рму. Реши́л пое́хать с семьёй в о́тпуск. Туда́, где тепло́…

— А почему́ так неожи́данно?

— Он ге́ний. Ге́ний! А у ге́ния… мо́гут быть неожи́данные жела́ния. А ещё… Понима́ете…он о́чень люби́л свою́ семью́. Люби́л их удивля́ть и ра́довать. Они́ всегда́ вме́сте отдыха́ли. Они́ с жено́й по не́сколько раз в день звони́ли друг дру́гу.

— Скажи́те, в после́днее вре́мя происходи́ло что́-нибудь стра́нное в институ́те и́ли у Серге́я Леони́довича? Мо́жет, его́ что́-то беспоко́ило, пуга́ло?

— Его́ никогда́ и ничего́ не пуга́ло, — улыбну́лась она́, — поэ́тому он стал тем, кем стал! Он никогда́ и ничего́ не боя́лся. Зли́лся, крича́л, коне́чно. Но боя́ться?.. Нет. Он геро́й! Его́ здесь все люби́ли.

— А за́мы? — спроси́л И́горь осторо́жно.

— За́мы — э́то за́мы, — непоня́тно отве́тила секрета́рша и посмотре́ла на дверь. В дверь загля́дывала хоро́шенькая де́вушка. — Что вы хоте́ли, Э́ля?

— Прие́хал Алекса́ндр Дми́триевич, — сказа́ла де́вушка И́горю. — Проси́л об э́том вам сказа́ть. И ещё проси́л узна́ть, где вам удо́бнее бу́дет с ним разгова́ривать: в его́ кабине́те и́ли…?

Или ему́ сюда́ прийти́?

— Нет, лу́чше у него́. Мину́т через де́сять. Спаси́бо.

— Я вас подожду́ и провожу́, — улыбну́лась де́вушка и закры́ла дверь.

Когда́ И́горь уходи́л, секрета́рша Мерца́лова сказа́ла:

— В ка́ждом дворце́ свои та́йны. Сейча́с, когда́ его́ уже́... нет... Я то́лько хочу́ предупреди́ть вас: у нас не всем и не всегда́ мо́жно ве́рить. Понима́ете?

— Нет. Не понима́ю. Объясни́те.

— Объясни́ть ничего́ не могу́. В институ́те мно́го ра́зного говори́ли про Серге́я Леони́довича. Я э́то повторя́ть не жела́ю. **Слу́хам** не ве́рьте!

Краси́вая де́вушка Э́ля ждала́ в коридо́ре.

Пришёл лифт, и Э́ля вошла́ в него́ пе́рвая. Лифт пое́хал и останови́лся.

— Заче́м вы останови́ли лифт? — спроси́л И́горь.

— Я была́ Серёжиной любо́вницей. У меня́ от него́ сын. Сы́ну три го́да.

Комментарий

[1] Зам — (разг.) от «заместитель».

(36) Лифт, в котором были Игорь Полевой с Элей, стоял между этажами. После слов, что Мерцалов — её любовник и у неё от Сергея есть сын, Эля продолжала:

— Мы познакомились с Серёжей четыре года назад. На Крите. Он там отдыхал со своей семьёй, а я — с родителями. Я сказала ему, что учусь в Финансовой академии. Он тут же предложил мне работать в его институте. Он говорил, что они с Гольдиным ничего не понимают в финансах.

В институте Игорь узнал, что Сергей Мерцалов был не только великим врачом, но и успешным бизнесменом. «Странно... — подумал он. — Странно, что Мерцалов взял студентку для решения серьёзных финансовых проблем института. Странно, даже если он в неё действительно влюбился».

— А вы могли помочь ему решить эти проблемы? — спросил Игорь.

— У меня было ещё мало опыта. Но Серёжа очень помогал мне... И Саша Гольдин помогал, — Эля смело посмотрела на Игоря. — Это огромное счастье — получить такую работу и ...хорошие деньги. Знаменитый институт. Сергей... Он уже тогда был очень известен. А потом... и я влюбилась...

— А он?

— Он говорил, что сразу влюбился в меня. Уже на Крите. Целый год я жила как в сказке. Я была самой счастливой женщиной! Каждую свободную минутку он был со мной. Потом родился сын, и для меня всё изменилось...

— Что изменилось?

— Всё. У Серёжи двое маленьких детей. Он не мог их бросить. Поэтому мы решили, что поженимся не сейчас, а лет через десять.

— Через сколько? — Игорь с удивлением посмотрел на неё и подумал: «Глупость какая-то! Какой **любовник** может успокаивать любовницу тем, что женится на ней через десять лет? Почему тогда не через тридцать?»

— Вы не знаете Серёжу. Его слово — закон! Он говорил, что всю жизнь искал и ждал только меня. Он рано женился. Они жи́ли бе́дно, тру́дно. У него́ не́ было же́нщин, кро́ме жены́. Он чу́вствовал, что... что обя́зан ей...

— Чем обя́зан?

— Тем, что они́ до́лго жи́ли тру́дно и бе́дно... Глу́по, коне́чно. Но Серге́й по-друго́му не мог. Мы встре́тились, когда́ он уже́ стал сами́м МЕРЦА́ЛОВЫМ! Он полюби́л меня́, а я — его́...

— Но вы сказа́ли, что когда́ роди́лся ваш сын, всё измени́лось...

— Вы что́-то не по́няли, — улыбну́лась де́вушка. — Мы продолжа́ли люби́ть друг дру́га. Ему́ бы́ло тру́дно: семья́ и я... Он о́чень люби́л на́шего сы́на. Всё вре́мя хоте́л быть с ним. Он приду́мывал то опера́ции, то министе́рство...

— Позавчера́, пе́рвого сентября́, он то́же был у вас?

— Да, — сказа́ла она́ и наконе́ц запла́кала. — Он отвёл дете́й в шко́лу. Сде́лал две опера́ции. Съе́здил в министе́рство. Пото́м ко мне. Был полчаса́. Поигра́л с сы́ном и вы́пил ко́фе... Ему́ на́до бы́ло поговори́ть с Го́льдиным.

— Ва́ши роди́тели зна́ли о том, что у вас с Мерца́ловым был... рома́н?

— Э́то не рома́н. У нас была́, есть и бу́дет любо́вь. Понима́ете?

«Нет, — поду́мал И́горь. — Не понима́ю и, наве́рное, никогда́ не пойму́. Кака́я, к чёрту, любо́вь мо́жет быть с жена́тым мужико́м, у кото́рого дво́е ма́леньких дете́й?! Э́то у тебя́ любо́вь, ми́лая де́вочка Э́ля».

Лифт неожи́данно пошёл наве́рх и останови́лся. Де́вушка улыбну́лась и пе́рвой вы́шла из него́.

(37) С утра́ Андре́й пое́хал к Ири́не Мерца́ловой. Дверь в их кварти́ру откры́ла немолода́я же́нщина. Андре́й показа́л ей свой докуме́нт. В коридо́ре тут же появи́лся немолодо́й мужчи́на.

— Мили́ция, — сказа́ла она́ ему́. Го́лос у неё был как у **короле́вы**. — Тепе́рь они́ до́лго бу́дут де́лать вид, что рабо́тают. На́до бу́дет И́ру увезти́, а то они́ убью́т её свои́ми вопро́сами. Поговори́ с ним сам. Я не хочу́ их ви́деть.

— Мерца́лов, Леони́д Андре́евич. Что вам ну́жно?

— Мне ну́жно поговори́ть ещё раз с Ири́ной Никола́евной и с... ва́ми.

Мерца́лов-ста́рший внима́тельно посмотре́л докуме́нты Андре́я и сказа́л:

— С Йрой говори́ть нельзя́. Ей пло́хо. Говори́те со мно́й. То́лько бы́стро! Вы бы за **поря́дком** на у́лице смотре́ли. А с на́ми... что тепе́рь говори́ть...

— Поговори́ть всё-таки придётся. Где бу́дем разгова́ривать?

— На ку́хне, — всё так же хо́лодно проговори́л Мерца́лов-оте́ц.

Же́нщина, кото́рая откры́ла ему́ дверь, пила́ на ку́хне во́ду. Когда́ она́ уви́дела Андре́я, она́ вста́ла к нему́ спино́й.

— Моя́ жена́, — сказа́л Мерца́лов-ста́рший. — Ли́дия Петро́вна Мерца́лова. Серге́й Мерца́лов был на́шим сы́ном. В спа́льне лежи́т на́ша **неве́стка**. Она́ по-пре́жнему не в себе́. — Ну, спра́шивайте! Бы́стро спра́шивайте и уходи́те.

— Скажи́те, вам изве́стно, что за Серге́ем в после́днее вре́мя следи́ли?

— Следи́ли? — не по́нял он. — Кто за ни́м следи́л? Что вы тако́е говори́те?

— Я ещё не зна́ю, кто за ни́м следи́л. («Но я узна́ю», — поду́мал Андре́й.) Не говори́л ли вам Серге́й, что за ни́м следи́ли?

— Нет! — серди́то и ка́к-то удивлённо воскли́кнул Мерца́лов-ста́рший и посмотре́л на две́рь. — Кто мог следи́ть? Он — врач, а не банди́т и не депута́т...

— Вы когда́-нибудь обсужда́ли с ним его́... рабо́чие пробле́мы?

— Зна́ете, я то́же врач. Мой оте́ц и дед бы́ли врача́ми. Оте́ц — вое́нным хиру́ргом, а дед — изве́стнейшим де́тским врачо́м. Дед основа́л це́лую шко́лу... И Ли́да, моя́ жена́, то́же врач. И Пе́тя...

— Кто тако́й Пе́тя? — бы́стро спроси́л Андре́й.

— Наш сын! Серёжин брат... Пе́тя на во́семь лет мла́дше Серёжи. Пе́тя то́же кардио́лог. Хиру́рг. Мы ча́сто разгова́ривали о рабо́те. Да́же по пра́здникам. Но о том, что за Серёжей следя́т... Нет, Серёжа ничего́ не говори́л. А вы зна́ли об э́том? Да? — вдруг кри́кнул он. — Зна́ли и ничего́ не сде́лали? Почему́ вы ничего́ не сде́лали? Смерть тако́го врача́ — катастро́фа!

— Скажи́те, вы зна́ли, что Серге́й собира́лся в о́тпуск?

— В о́тпуск? Н-нет, не знал... Но... Но ему́ три́дцать пять, он пятна́дцать лет жена́т, он взро́слый челове́к!.. И у него́... у него́ свои́ дела́!..

(38) Допро́с продолжа́лся:

— У ва́шего сы́на бы́ли враги́?

— Го́споди, каки́е враги́?! У всех враче́й есть больны́е, кото́рые и́ми недово́льны. Есть ро́дственники больны́х, кото́рые то́же быва́ют недово́льны. Но каки́е же э́то враги́? Мы, врачи́, не ка́ждому мо́жем помо́чь.

— У Серге́я бы́ли ... о́чень... о́чень недово́льные больны́е?

— Бы́ли, коне́чно. Они́ и у меня́ есть, и у Пе́ти. У Го́льдина.

— Серге́й расска́зывал вам что́-нибудь о них?

— Иногда́. Имена́ назва́ть? И вы их всех посади́те в тюрьму́? И́ли посади́те их родны́х? Ничего́ у вас не полу́чится! В институ́те у своего́ сы́на я не рабо́тал. О дела́х его́ ничего́ не зна́ю. Зна́чит, помо́чь вам ниче́м не могу́!

— Óчень жаль, — сказáл Андрéй. — Где вы бы́ли пéрвого сентября́ вéчером с двадцати́ одного́ до двадцати́ четырёх часóв?

— В óпере. Билéты я сохрани́л. Могу́ вам их показáть. Показáть?

— Потóм покáжете. Ири́на в тот вéчер вам не звони́ла?

— Вéчером мы выключáем телефóн. Больны́е и нóчью звоня́т. Мы, конéчно, врачи́... но и нам отдыхáть нáдо. Йра нóчью до нáс не дозвони́лась. Мы узнáли обо всём, тóлько когдá его... — он не договори́л и вдруг заплáкал.

— А бы́ли у негó враги́ на рабóте? — продолжáл спрáшивать Андрéй.

— Лёня! — закричáла женá Мерцáлова-отцá. — Лёня, помоги́ мне!

— Что?.. — Леони́д Андрéевич побежáл к ней. Андрéй пошёл за ни́м.

— Гóсподи! Вы всё ещё здесь!.. — с нéнавистью сказáла мать Сергéя Мерцáлова. — Лёня, онá плáчет. Я никáк не могу́ её успокóить. У меня́ в су́мке лекáрства. Быстрéе же, Лёня! Быстрéе!

Мерцáлов-стáрший побежáл за лекáрством.

— Уходи́те! Вы не найдёте уби́йцу! Вы ужé сдéлали всё, что могли́. Жáловаться на вáс мы не бу́дем. Убирáйтесь! — приказáла Ли́дия Петрóвна Андрéю.

Андрéю почему́-то стáло дáже немнóго вéсело.

— Спаси́бо. Но я поговорю́ ещё с Ири́ной Николáевной. И с вáми.

— Вы что? Не слы́шали?! Я не разрешу́ вам ни с кем разговáривать!

— Мне не ну́жно вáше разрешéние, — хóлодно отвéтил Андрéй. Он возврати́лся на ку́хню и поду́мал: «Эта жéнщина ведёт себя́ óчень стрáнно. Непохóже, что онá тóлько что потеря́ла сы́на. Или у неё такóй си́льный харáктер?»

В дверь позвони́ли.

— Ну что? Как тут у вас? В институ́те конéц свéта[1]! Дáже смешнó. А красáвица-женá плáчет? Да? Так и знал! А вы с мá-

мой, коне́чно, её успока́иваете? Да? Поня́тно… — говори́л прише́дший мужчи́на. Он по-хозя́йски вошёл в ку́хню и, уви́дев
Андре́я, с удивле́нием спроси́л: — Вы кто?

— Майо́р Ларио́нов. А вы, как я понима́ю, Пётр Мерца́лов?

— Пра́вильно понима́ете. Сади́тесь. Поговори́м… Сади́тесь-
сади́тесь!..

Комментарий

[1] Конец света — (идиом.) апокалипсис; то, что невозможно пережить.

ВОПРОСЫ К ГЛАВЕ 9

(34) 1. Сколько дней прошло с момента убийства Сергея
Мерцалова?

2. Что делал стажёр Дима утром 3-го сентября?

3. Зачем Димка пошёл в аптеку посмотреть на Клавдию?
Чем она ему понравилась?

4. На что стажёр обратил внимание, когда наблюдал за
Клавдией и аптекой?

(35) 1. Кто из следователей поехал в медицинский институт,
где работал Мерцалов? Как в институте отнеслись к смерти директора?

2. Что секретарь Мерцалова рассказала следователю о своём
начальнике? Как, по её мнению, а) Мерцалов относился к своей
семье? б) относились к Мерцалову в институте? Как секретарь
описала последний день жизни Мерцалова?

3. Кто такой Александр Дмитриевич Гольдин?

4. Что секретарь сказала Игорю, перед тем как он пошёл к
Гольдину?

5. Кто такая Эля? Что она сообщила следователю в лифте?

(36) 1. Почему Эля была уверена в том, что Мерцалов женится на ней? Как она объясняла то, что он не уходит из семьи?

2. Когда Мерцалов в последний раз был у Эли? Зачем он приезжал к ней?

3. Что подумал Игорь о рассказе Эли?

(37) 1. Куда и зачем поехал утром 3-го сентября Андрей?

2. Кто такие Леонид Андреевич и Лидия Петровна?

3. Как встретили Андрея в доме Сергея Мерцалова?

4. Кем были по профессии Мерцаловы-старшие?

5. Знали ли родители Мерцалова, что за их сыном следили?

6. Смог ли Андрей поговорить с Ириной Мерцаловой? Почему?

7. Кто такой Петя?

(38) 1. Что ещё интересовало Андрея? На какие ещё вопросы он так и не получил ответы?

2. Когда и от кого родители узнали о смерти сына?

3. Где были Мерцаловы-старшие вечером первого сентября?

4. Что Андрею показалось странным в поведении матери убитого?

5. Кто ещё приехал в дом Сергея и Ирины Мерцаловых этим утром? Как этот человек вёл себя?

Глава́ 10
03.09.1997. Среда́. День

(39) — Кла́ва, что у тебя́ с руко́й-то? — спроси́ла заве́дующая.

— Да ничего́… У меня́ вчера́ ве́чером на ле́стнице су́мку отобра́ли. Удиви́тельно, но всё зако́нчилось хорошо́. Они́ мне её верну́ли.

— Как верну́ли? Кла́ва, не расска́зывай мне ска́зки. Что взя́ли?

— Ничего́… Всё на ме́сте. Да́же де́ньги.

— Стра́нная исто́рия… Óчень стра́нная. Пе́рвый раз о тако́м слы́шу, — сказа́ла заве́дующая и спроси́ла: — Мо́жет, банди́ты тебя́ пожале́ли? Кла́ва, мо́жет, ты домо́й пое́дешь? Рука́-то боли́т? Да? Как с тако́й руко́й рабо́тать?

— Нет, спаси́бо, Варва́ра Алексе́евна, — отве́тила Кла́вдия. Она́ да́же испуга́лась, потому́ что домо́й ей не хоте́лось. Что там де́лать? Лежа́ть и боя́ться? И рука́ боли́т. Она́ всю ночь боле́ла. — Спаси́бо вам большо́е! Спаси́бо!

— Слу́шай, Кла́ва, маши́на с лека́рствами придёт не в пя́тницу, а в суббо́ту днём. Ты смо́жешь вы́йти на рабо́ту в выходно́й? А пото́м когда́-нибудь три дня отдыха́ть бу́дешь!

— Коне́чно, вы́йду и помогу́, — улыбну́лась Кла́вдия. Она́ не заме́тила па́рня, кото́рый следи́л сего́дня за ней (он стоя́л почти́ ря́дом и всё слы́шал).

Кла́вдия ви́дела э́того па́рня у́тром у своего́ до́ма, а пото́м у апте́ки. А вот Ди́му, кото́рого обеща́л присла́ть Андре́й, она́ не заме́тила. Мо́жет, Ди́ма не прие́хал? А мо́жет, пря́чется лу́чше, чем э́ти дво́е?..

Со вчера́шнего дня Кла́вдия ста́ла чу́вствовать ря́дом с собо́й огро́мную чужу́ю злу́ю си́лу. Чу́вствовать, как кака́я-то беда́ приближа́ется к ней… Беда́ и у́жас… Беда́ и у́жас уже́ ря́дом, бли́зко-бли́зко… Её ры́жие во́лосы уже́ чу́вствовали, как э́та беда́ ды́шит ужа́сной си́лой. Ей каза́лось, что она́ одна́ стои́т на откры́том ме́сте и зна́ет: бежа́ть по́здно, и никто́ не помо́жет. Остава́лось то́лько наблюда́ть, как э́та ужа́сная беда́ приближа́ется. Остава́лось то́лько закрыва́ть вре́мя от вре́мени глаза́ от э́того у́жаса и проси́ть, что́бы её оста́вили в живы́х.

Она́ ве́рила свое́й интуи́ции, как и свое́й па́мяти. Су́мку у неё отобра́ли не случа́йно. Кому́-то что́-то бы́ло ну́жно в её су́мке. Но э́того там не́ было. А мо́жет, они́ реши́ли нача́ть де́йствовать? Заче́м всё э́то?! И кто они́?! Заче́м им она́, Кла́вдия Ковалёва?!

Нож был с ней. На ноге́, внизу́. Так носи́ть нож её научи́ли в детдо́ме. Придётся пока́ ходи́ть в брю́ках.

Зазвони́л телефо́н, и Кла́вдия сра́зу взяла́ тру́бку:

— Апте́ка!

— Ковалёву, пожа́луйста, — сказа́л незнако́мый мужчи́на.

— Я слу́шаю.

— Майо́р Ларио́нов. Как дела́?

— Кто?! Алло́! Кого́ вам позва́ть? Я пло́хо слы́шу! — сказа́ла она́, хотя́ всё прекра́сно слы́шала.

— Всё в поря́дке. Звать никого́ не на́до. Я хоте́л сказа́ть, что́бы ты не волнова́лась. Мой челове́к где́-то ря́дом с тобо́й. Ты его́ уже́ заме́тила?

— Андре́й, э́то ты? Нет, пра́вда, ты? Пра́вда? А?..

— Я. Ну, я, я. Ты чего́ так... не́рвничаешь?

Лицо́ Кла́вдии ста́ло кра́сным как помидо́р. Ей хоте́лось сказа́ть: «Я тебя́ люблю́. Я тебя́ люблю́ уже́ лет де́сять. И ты никогда́ мне не звони́л. Ты сам никогда́ мне не звони́л», — но она́ сказа́ла:

— Я не не́рвничаю, я удиви́лась.

— Ну что? Заме́тила Ди́му? — повтори́л он свой вопро́с.

— Нет. А вчера́ ве́чером у меня́ на ле́стнице отобра́ли су́мку.

— У тебя́ всегда́ каки́е-то исто́рии. Мно́го де́нег-то бы́ло?

— Немно́го, но бы́ли, — ра́достно сказа́ла Кла́вдия. — Но мне их верну́ли...

— Что зна́чит «верну́ли»? — удиви́лся Ларио́нов.

— Мину́т че́рез пять пришла́ сосе́дка и сказа́ла, что моя́ су́мка лежи́т у мое́й кварти́ры...

— Дéвушка! Мóжет, уже начнёте рабóтать? — спросил её покупáтель.

Андрéй услышал гóлос покупáтеля и решительно сказáл:

— Начинáй рабóтать. Вéчером позвоню. Нет, лýчше ты мне. У меня...

— У тебя тóчно нет моегó домáшнего телефóна. Я самá позвоню. Спасибо тебé.

Он положил трýбку. Онá былá óчень удивленá, что он позвонил. Онá постояла нéсколько секýнд, посмотрéла на покупáтеля и сказáла с улыбкой:

— Извините, пожáлуйста. Что вы хотéли?

(40) Андрéй тóже был удивлён: «И что это я позвонил Клáвдии?» За неё он почти не волновáлся. Удивительно, но емý стáло кáк-то лéгче, когдá он услышал её гóлос. Ей он позвонил случáйно. Емý нýжно было врéмя, чтóбы понять, как говорить с Петрóм Мерцáловым. Вот Андрéй и сказáл Петрý, что емý нáдо срóчно позвонить. Он открыл телефóнную книжку, увидел её имя и позвонил. Когдá он говорил с Клáвой, он пóнял, что в другóй кóмнате ктó-то снял трýбку и слýшает их разговóр. «Я так и знал...» — улыбнýлся про себя Ларионов.

Пóсле разговóра с Клáвдией он решил: «Пусть Мерцáлов-млáдший сам подойдёт ко мне». Андрéй открыл дверь кýхни и сказáл:

— Пётр Леонидович! Проходите сюдá, мне здесь удóбнее разговáривать.

Пётр Мерцáлов встал у кýхонной двéри и нáчал изучáть Андрéя.

— Гóсподи! — наконéц сказáл он. — А я-то и забыл, что вы тепéрь образóванные. Забыл, что милиционéрам стáли психолóгию преподавáть! Ну, конéчно, господин майóр, конéчно, я пройдý в кýхню. Как скáжете...

— Пётр Леонидович, — сказáл Андрéй, — у меня рабóты мнóго. Вы так с дéвушками разговáривайте. Им понрáвится. А сейчáс прóсто проходите и садитесь.

— Го́споди! Как ве́жливо со мно́й разгова́ривают! Хорошо́! Слу́шаюсь! Прохожу́ и сажу́сь, — ра́достно проговори́л Пётр, прошёл в ку́хню и сёл за сто́л. — Я вас не бою́сь. Мой оте́ц дру́жит с ва́шим мини́стром.

— С каки́м на́шим?

— МВД[1]. У вас не полу́чится обвини́ть меня́ в уби́йстве бра́та.

— Так э́то вы уби́ли своего́ бра́та? Хоти́те рассказа́ть об э́том?

— Я не убива́л Серёжу, — сказа́л Мерца́лов, и глаза́ у него́ ста́ли тёмными. — Рассказа́ть вам, где я был той но́чью? Я уе́хал с рабо́ты домо́й о́коло пяти́. У меня́ бы́ли две тру́дные опера́ции...

— Прости́те, где вы рабо́таете?

— В Медици́нском це́нтре Администра́ции Президе́нта! У уби́того бра́та я рабо́тать не мог. Мы по-ра́зному смо́трим на медици́ну. Я до́лжен объясни́ть?

— Объясни́те!

— Серёжа у нас ге́ний. Понима́ете? Он всё вре́мя чего́-то иска́л. А я уве́рен, что в хирурги́и так нельзя́! Мы ре́жем люде́й, а не ку́риц. Эксперименти́ровать мо́жно, но на́до знать грани́цы. А у него́ не́ было э́тих грани́ц! Но судьба́ его́ люби́ла. У него́ всё и всегда́ получа́лось. Но у всего́ есть коне́ц. У всего́! И у него́ когда́-нибудь на столе́ мог умере́ть кто́-нибудь ва́жный, со свя́зями и с деньга́ми. Э́то был бы его́ коне́ц! Я не хоте́л в э́том уча́ствовать!

— Я не по́нял, — сказа́л Андре́й. Он реши́л игра́ть роль дурачка́. Над дурачко́м смею́тся. Дурачка́ не боя́тся. Йли на него́ се́рдятся. Вот тогда́-то ему́ обяза́тельно и говоря́т то, что никогда́ бы не сказа́ли челове́ку у́мному. — Не так бы́стро. Я не врач. Вы хоти́те сказа́ть, что он лечи́л так, как лечи́ть нельзя́?

Пётр Мерца́лов действи́тельно посмотре́л на Андре́я как на дурачка́:

— Я не говорю́, что он лечи́л так, как нельзя́. Про́сто у него́ ка́ждый день появля́лась но́вая иде́я. Он приду́мывал но́вый план опера́ции. Никто́, никака́я си́ла не могли́ останови́ть его́. Са́мое смешно́е... са́мое смешно́е, что у него́ всё получа́лось...

— А э́то ра́зве пло́хо? — за́дал Андре́й ещё оди́н дура́цкий вопро́с.

— Э́то не пло́хо. Э́то опа́сно! Мой брат никогда́ не боя́лся сде́лать оши́бку. А э́то опа́сно. Поня́тно? Больно́й мо́жет умере́ть! — серди́то отве́тил Пётр.

— И мно́гие у него́ умира́ли?

— Нет. У него́ был о́чень ни́зкий проце́нт тех, кто умира́л. А я всегда́ де́лаю опера́ции без экспериме́нтов. А Серёжа... Он не вели́кий врач, а вели́кий **авантюри́ст**. Но почему́-то все называ́ли его́ вели́ким врачо́м. А его́ ру́ки — рука́ми ге́ния. Не́ было у него́ рук ге́ния! Он — авантюри́ст, кото́рому чуть-чу́ть везло́!..

Комментарии

[1] МВД — (аббр.) Министерство внутренних дел.

[2] Авантюрист — человек, который любит рисковать, занимается опасными действиями часто на границе законного и незаконного.

(41) Допро́с на ку́хне продолжа́лся:

— Вы рабо́тали когда́-нибудь со ста́ршим бра́том?

— Рабо́тал, — отве́тил Пётр и неприя́тно улыбну́лся. — Сра́зу по́сле институ́та. Рабо́тали вме́сте о́коло го́да. Пото́м поруга́лись, и я ушёл. Оте́ц с кем на́до поговори́л, и я ушёл в Медици́нский центр Администра́ции Президе́нта.

— Вернёмся к пе́рвому сентября́, — сказа́л Андре́й.

— Вернёмся, — ве́село согласи́лся Мерца́лов-мла́дший.

«Интере́сно, почему́ ему́ так необыкнове́нно ве́село? Ра́дуется неожи́данной сме́рти знамени́того бра́та? Чу́вствует, что тепе́рь ему́ бу́дет ле́гче жить? И́ли не́рвничает?» — ду́мал Андре́й.

— Чем вы занима́лись до́ма по́сле рабо́ты? Вы с роди́телями живёте?

— Скажи́те, ско́лько вам лет, господи́н майо́р?

— Три́дцать шесть. А что?

— Вы с роди́телями живёте?

— Нет, — отве́тил Андре́й. — Оди́н.

— Ну и я оди́н! Нам с ва́ми уже́ неудо́бно жить с роди́телями, ве́рно?

— Неве́рно, — сказа́л Андре́й. — В ва́шем во́зрасте жить мо́жно с роди́телями, с жено́й, с роди́телями жены́, с ба́бушкой, с де́душкой. С любо́вницей. Всё зави́сит от ситуа́ции, фина́нсов, це́лей и зада́ч. Да?

— Ну, с фина́нсами у нас пробле́м не́ было. Серёжа де́нег дава́л.

— Он дава́л де́ньги вам и роди́телям? Я пра́вильно по́нял?

— Нет! — сказа́л зло Пётр. — Вы непра́вильно по́няли. Мы все отли́чно зараба́тываем и без него́. Мои́ роди́тели — о́чень изве́стные врачи́, а пра́дед вообще́ был знамени́тый де́тский врач. Он со́здал шко́лу, кото́рая…

— Я зна́ю…

— А вот с кварти́рой Серге́й мне помо́г. Они́ с отцо́м её купи́ли и подари́ли мне к оконча́нию институ́та. Четы́ре го́да наза́д. Я снача́ла был про́тив. Пото́м крича́л, что все де́ньги за неё верну́…

— Верну́ли? — Андре́й с интере́сом посмотре́л на него́.

— Нет, коне́чно. Не верну́л. Оказа́лось, что де́ньги возвраща́ть тру́дно.

— Так что́ бы́ло по́сле того́, как вы верну́лись в свою́ кварти́ру?

— Ничего́! Вы́пил пи́ва, посмотре́л телеви́зор и лёг спать. Лёг оди́н. Я не приглаша́ю баб на́ ночь. Пра́вда, иногда́ я остаю́сь у них.

— Пло́хо. Э́то помогло́ бы нам в рабо́те, — су́хо сказа́л Андре́й.

— Я Серге́я не убива́л. И никогда́ не ду́мал убива́ть. Я же не идио́т. Да и про Серге́я Анато́льевича, пожа́луйста, вы не забыва́йте.

— Про како́го Серге́я Анато́льевича? — не по́нял Андре́й.

— Мини́стра ва́шего. Чуть не забы́л! Он в суббо́ту у нас на да́че бу́дет.

«Па́рень чего́-то о́чень бои́тся. Всё э́то часть како́й-то игры́, кото́рую я пока́ не понима́ю. Ну что ж... Послу́шаем. Поду́маем. Поигра́ем в его́ игру́».

(42) Андре́й немно́го помолча́л, пото́м за́дал Мерца́лову сле́дующий вопро́с:

— Пётр Леони́дович, а что вы смотре́ли по телеви́зору в тот ве́чер?

— Что́-то про войну́ в ко́смосе. Я не по́мню. А мо́жет, я ви́део смотре́л?..

— С роди́телями в э́тот ве́чер вы разгова́ривали?

— Да, ка́жется. Они́ в теа́тр ходи́ли. Ма́ма позвони́ла до теа́тра. В полови́не седьмо́го. Мы поговори́ли, я посмотре́л фильм, а в полови́не оди́ннадцатого лёг спать. Я не чу́вствовал, что что́-то произойдёт. Я был споко́ен.

— Кто́-нибудь мо́жет **подтверди́ть**, что вы не выходи́ли из кварти́ры?

— Нет. Никто́, кро́ме ма́тери, мне не звони́л. ...И́ли звони́л? Я вы́ключил телефо́н. Но **автоотве́тчик** у меня́ рабо́тал.

— В подъе́зде есть консье́ржка?

— Да. Ба́бушка одна́. И консье́рж. Её муж. По о́череди рабо́тают. Но́чью на своём рабо́чем ме́сте они́ всегда́ спят.

— Вчера́ но́чью они́ то́же спа́ли?

— Не зна́ю. Я сам спал. Пойма́ть хоти́те? Вопро́сы у вас каки́е-то стра́нные...

— Почему́ стра́нные? Не хоти́те здесь разгова́ривать, могу́ пригласи́ть на допро́с на Петро́вку. Хоти́те?

— Я к вам не приду́!

— Придёте. Прибежи́те. Так что лу́чше говори́те со мно́й ве́жливо, а то я оби́жусь.

— Вы на меня́, пожа́луйста, не обижа́йтесь, — улыбну́лся Пётр.

Андрей тоже улыбнулся и подумал: «Мальчик, я на тебя не могу обижаться. Я работаю, и всё. Твои детские игры немного меня веселят и знакомят с вашей семьёй. Только поэтому я и слушаю тебя так долго. Я ищу что-то интересное. И я уже кое-что нашёл. Автоответчик, говоришь...»

— А вы не выключаете на ночь автоответчик? — вдруг спросил Андрей.

Мерцалов-младший не сразу понял, о чём спрашивает майор. А когда понял, ответил:

— Зачем? Автоответчик всё записывает, а я потом слушаю.

— Ирина Мерцалова звонила вам в ту ночь?

— Я же сказал вам, что не подходил к телефону!

— А автоответчик? Вы его не прослушали?

— У меня было много других дел, уважаемый милицейский майор! Утром я уехал на работу. А в середине дня мне позвонила мама и сказала, что с Серёжей... что Серёжу...

— ...убили, — закончил за него Андрей.

— Да. Убили. Простите, мне нужно выйти... — сказал Пётр и вышел из кухни.

(43) — Извините, — Мерцалов-младший опять появился в кухне. — Я ходил за сигаретами. Курите, если хотите... Он мой брат. Старший брат. Он был важным человеком в моём детстве. Потом появилась эта его жена. Я ненавидел её. Она пришла и отобрала его. Они переехали в общежитие... Я был рад, когда мы вместе стали работать. Но я не смог с ним работать. Меня он не понимал. Мы ссорились. Отец нас мирил. А теперь какая-то сволочь убила его.

— Да. Убила. Скажите, у ваших родителей тоже автоответчик?

— Что? Что вы спрашиваете? — не понял Пётр.

— Я спрашиваю: у ваших родителей тоже автоответчик?

— Господи! О чём вы спрашиваете?! Да, и у них тоже! Что это даёт?

— Понятно... А вы знали, что за вашим братом следят?

92

— Знал. Все зна́ли. Мы зна́ли и смея́лись. Ду́мали, э́то его́ фанта́зии...

— Кто «мы»? Кто над ни́м смея́лся?

— Я. Го́льдин, э́то его́ зам. Все, кому́ он расска́зывал э́ти ска́зки. И́ли э́то не ска́зки?..

— А ваш оте́ц то́же смея́лся?

— Нет. Ка́жется, не смея́лся... Мы с ним об э́том не говори́ли.

— Скажи́те, Пётр Леони́дович, Серге́й боя́лся тех, кто за ни́м следи́л?

— Он ничего́ не боя́лся. Говори́л, что за ни́м хо́дят два каки́х-то идио́та.

— Серге́й говори́л, кто мо́жет им интересова́ться и почему́?

— Нет. Мы с ним об э́том не говори́ли. Я не ве́рил, что за ни́м следи́ли. Го́льдин, наве́рное, бо́льше меня́ зна́ет.

— Он дружи́л с Го́льдиным?

— Да. Они́ всегда́ се́мьями отдыха́ли. Рабо́тали вме́сте. Не устава́ли друг от дру́га... А вот я на тех, с кем рабо́таю, по́сле рабо́ты да́же смотре́ть не могу́. Они́ все меня́ так злят!..

— У ва́шего бра́та бы́ли враги́, Пётр Леони́дович?

— На рабо́те — все враги́! А как по-друго́му? — сказа́л Пе́тя ра́достно. — Серге́й злил почти́ всех, с кем рабо́тал. Мно́гие мечта́ли заня́ть его́ кабине́т. Е́сли бы он через год-друго́й сде́лал опера́цию президе́нту, то — всё! О его́ кабине́те никто́ бы уже́ не мог мечта́ть! А э́то мно́-о-о-гим не нра́вилось!

— Кому́, наприме́р?

— А не скажу́! Са́ми ищи́те. При мне́ ему́ никто́ и никогда́ не угрожа́л.

— А кто́-нибудь из больны́х и́ли их ро́дственников ему́ угрожа́л?

— Нет, коне́чно! За что? За то, что врач не смог помо́чь? Хотя́... У Серге́я лечи́лся мини́стр иностра́нных дел. Пойди́те и прове́рьте, не он ли...

— Прове́рим. Кро́ме э́того мини́стра, ещё кого́-нибудь назва́ть мо́жете?

93

— Не могу́. Хотя́... Каки́е-то банди́ты проси́ли положи́ть кого́-то в его́ больни́цу, что́бы пото́м за грани́цу увезти́. Де́ньги ему́ предлага́ли больши́е.

— Положи́л? — спроси́л Андре́й.

— Не зна́ю. Го́льдин, наве́рное, зна́ет...

В ку́хню вошла́ Ли́дия Петро́вна Мерца́лова.

— Пе́тя, — сказа́ла она́, не замеча́я Андре́я, — пожа́луйста, посиди́ с Йрой. Мне то́лько что позвони́ли из моего́ институ́та. Я там сро́чно нужна́.

— А па́па?

— У него́ ва́жный разгово́р по телефо́ну.

— А́дрес свой запиши́те, — сказа́л Андре́й Пе́те. — Вы ещё бу́дете нужны́.

Пе́тя написа́л а́дрес, и мать с сы́ном вы́шли из ку́хни, он да́же не посмотре́л на Андре́я.

(44) По́сле Мерца́ловых Андре́й пое́хал на рабо́ту. Вско́ре ему́ позвони́л Йгорь Полево́й. Он звони́л из кабине́та Алекса́ндра Дми́триевича Го́льдина.

— Андре́й, — сказа́л Йгорь и посмотре́л на Го́льдина. — Ты уже́ на рабо́те?

— А как ты ду́маешь, где я? — спроси́л Андре́й хо́лодно (он не люби́л дура́цких вопро́сов).

— Андре́й, я еду́. Бу́ду мину́т через со́рок. У тебя́ что́-нибудь есть?

— Есть.

Андре́й не спроси́л И́горя, есть ли что́-нибудь у него́. Он знал, что Полево́й звони́т из чужо́го кабине́та. Он то́лько сообщи́л:

— О́льга прие́хала. Я снача́ла к нача́льству. Приказа́ли неме́дленно прийти́.

— Алекса́ндр Дми́триевич, — положи́в тру́бку, сказа́л И́горь. — В кабине́те у Мерца́лова рабо́тают на́ши экспе́рты. Ду́маю, за́втра вы туда́ смо́жете зайти́.

— Я туда́, наве́рное, ещё до́лго не пойду́. Мо́жет, и никогда́ не пойду́...

И́горь посмотре́л на за́ма. Он был споко́ен, хотя́ бы́ло ви́дно, что э́тот молодо́й и си́льный мужчи́на с трудо́м контроли́рует себя́. И́горю показа́лось, что когда́ он уйдёт, зам начнёт лома́ть ме́бель и́ли би́ться голово́й о сте́ну.

— Вы уже́ ухо́дите? Я вас провожу́, — предложи́л Го́льдин.

— Спаси́бо. Я сам, Алекса́ндр Дми́триевич, — поблагодари́л И́горь.

— Мо́жет... Вас прово́дит секрета́рь... Хотя́ её сего́дня нет...

Бори́с по́нял, что Гольдин не хо́чет обраща́ться к Э́ле, кото́рая рабо́тала сего́дня на ме́сте его́ секретаря́.

— Скажи́те, а почему́ вы не попроси́ли проводи́ть меня́ де́вушку, кото́рая сиди́т у вас за две́рью? И секрета́рша Мерца́лова ка́к-то стра́нно о ней...

В глаза́х Го́льдина что́-то о́чень си́льно измени́лось. На лице́ за́ма появи́лось всё: и боль, и страх, и злость... И́горь ну ника́к тако́го не ждал.

— Я не хочу́ говори́ть о ней. Я гото́в обсужда́ть всё, но то́лько не э́то.

«Он так и сказа́л "э́то", а не "её". Да-а-а... исто́рия, — поду́мал И́горь. — Ну, Серге́й... Ну, Мерца́лов...»

95

— Почему́? Почему́ же, Алекса́ндр Дми́триевич?

Го́льдин закры́л глаза́ и ти́хо произнёс:

— Я так и знал! Я так и знал, что всё бу́дет ужа́сно!.. Но я не знал, что так ужа́сно.

— Что бу́дет ужа́сно? Что?

— Я не ста́ну обсужда́ть э́то, — зам откры́л глаза и продо́лжил уже́ споко́йным го́лосом: — Не ста́ну, потому́ что я **ненави́жу расчётливых, хи́трых и лжи́вых** сук[1]. Не спра́шивайте меня́. В институ́те есть те, кто гото́в обсужда́ть всё, что о́чень пло́хо па́хнет. А я не могу́. И не бу́ду. Извини́те…

Комментарий

[1] Сука — (груб.) собака, о женщине.

ВОПРОСЫ К ГЛАВЕ 10

(39) 1. О чём заведующая попросила Клаву? Кто слышал их разговор?

2. Какое новое чувство появилось у Клавдии с вечера прошлого дня?

3. Кто позвонил Клаве на работу?

4. Что Клавдия рассказала Андрею? Что его удивило?

5. О чём договорились Клавдия с Андреем?

(40) 1. Почему Андрей позвонил Клавдии? Что он понял, когда разговаривал с ней?

2. Что делал Петр Мерцалов, когда Андрей говорил по телефону?

3. Как начался разговор Андрея с Петром Мерцаловым?

4. О чём Пётр предупредил Андрея?

5. Как младший брат относился к старшему? На что братья смотрели по-разному?

6. Почему Андрей решил прикинуться дурачком?

(41) 1. Почему Пётр Мерцалов ушёл из института, которым руководил его старший брат? 2. Что брат подарил Петру Мерцалову после окончания института? Почему Пётр не отдал брату деньги за квартиру? 3. Что Пётр делал в день убийства брата? Есть ли свидетели, которые могут это подтвердить?

(42) 1. Знал ли Петр, что за его братом следят? 2. Звонила ли Ирина Мерцалова Петру в ночь убийства? 3. Когда и от кого Пётр узнал, что Сергей убит?

(43) 1. Какие отношения, по мнению Петра, были у Сергея Мерцалова и Гольдина? 2. Как Пётр относился к тем, кто работал с его братом? 3. Что Петр знал о людях, которые могли быть врагами брата? Кто, по его мнению, мог знать, чем закончилась история с бандитами? 4. Смог ли Андрей поговорить с Ириной Мерцаловой? 5. Хотел ли, по вашему мнению, Пётр помочь следствию? Вам понравился брат Сергея Мерцалова? Почему?

(44) 1. Кого допрашивал Игорь Полевой? 2. Какое впечатление на Гольдина произвела смерть Сергея Мерцалова? 3. Как он относился к Эле? 4. Почему можно сказать, что вокруг Сергея Мерцалова есть какая-то тайна? У вас уже есть своя версия убийства?

Глава 11
03.09.1997. Среда. Вечер

(45) Около трёх часов дня Диме Мамаеву стало интересно. К пяти часам он уже не сомневался, что парень в «Жигулях» наблюдает за аптекой.

«Чёрт, а майор-то прав!» — подумал стажёр.

Димка точно не знал, за кем следит парень в «Жигулях». Может, за этой Клавдией, а может, и за аптекой.

«Людей в аптеке много. Аптека чистая, приятная. Сразу видно, что аптека небедная. Может, их интересует аптека, а не аптекарша? Всё узнаю вечером, когда она пойдёт домой. Интересно, нашли что-нибудь майор, Игорь и Оля? Майор Ларионов, наверное, сидит уже на Петровке и пьёт кофе. Сидит... пьёт... и уже знает, кто убил врача. А почему мне тут надо сидеть? Самое-то интересное не здесь, а у них, там...» — злился Димка.

Дима вышел из машины. Он продолжал наблюдать за человеком в «Жигулях». Потом подошёл к телефону и позвонил на работу. Ему никто не ответил. «Если в кабинете никого нет, значит, майор, Игорь и Оля работают. В кабинете — это не работа. А я должен сидеть тут в машине, как в кабинете...» — думал он.

К вечеру дождь усилился. Стало совсем темно. А ещё и похолодало...

Клавдия закончила работу, быстро собралась, попрощалась и вышла на улицу. Только третье сентября, а уже настоящая осень... Она шла и удивлялась, что Андрей позвонил ей. А ещё она думала о том, что завтра надо взять с собой паспорт (заведующая попросила утром зайти в банк и отдать документы). «В банке точно будет очередь. Надо будет долго стоять и ждать. **Ладно**, не проблема. Главное, сегодня я буду ещё раз говорить с Андреем. Он сам сегодня позвонил мне и попросил перезвонить. Он за меня беспокоится. Его человек где-то близко, хотя я его не вижу. Сегодня не убьют...»

Димка уви́дел, что ры́жая апте́карша пошла́ к метро́, и посмотре́л на «Жигули́». Маши́на пое́хала, но не к метро́. Он по́нял, что па́рень в «Жигуля́х» зна́ет, что она́ сра́зу пое́дет домо́й. «Как давно́ они́ за не́й следя́т, е́сли так хорошо́ её уже́ зна́ют?» — подумал Ди́мка и бы́стро пое́хал к её до́му.

«Жигули́» подъе́хали к до́му апте́карши мину́ты через четы́ре по́сле того́, как туда́ прие́хал Ди́мка. По Ди́мкиной спине́ пошёл хо́лод: «Майо́р Ларио́нов опя́ть прав! За не́й то́чно следя́т. Следя́т почти́ откры́то!»

А вот и апте́карша. Ди́мка бы́стро вы́шел из маши́ны, пошёл к её до́му, вошёл в подъе́зд, подня́лся на пя́тый (после́дний) эта́ж, ти́хо-ти́хо **спусти́лся** на четвёртый, останови́лся и стал слу́шать.

Кла́вдия подняла́сь к свое́й кварти́ре, откры́ла её, вошла́ и закры́ла дверь.

Ди́ма бы́стро вы́шел на у́лицу, сёл в маши́ну и посмотре́л на её о́кна. В о́кнах горе́л свет. «Жигули́» стоя́ли ме́трах в тридцати́ от её подъе́зда.

«Она́ до́ма и уже́ никуда́ не пойдёт», — реши́л он и пое́хал на Петро́вку.

(46) О́льга Дружи́нина вошла́ в кабине́т Андре́я и сказа́ла:

— Во́семь часо́в ве́чера! Все уже до́ма чай пьют, а мы на рабо́ту пришли́.

— Входи́, О́ля, сади́сь. Вот чай, са́хар, пече́нье. Не волну́йся. Мы тебя́ до до́ма на маши́не довезём, — улыбну́лся Ларио́нов. — Расска́зывай!

— Нашла́ я э́того Же́ню с татуиро́вкой. Это Евге́ний Васи́льевич Бо́йко. В ту ночь он был у свое́й любо́вницы. Она́ рабо́тает в одно́й турфи́рме.

— Как ты её нашла́? — спроси́л Андре́й.

— Повезло́. Я показа́ла фоторо́бот консье́ржке из сосе́днего до́ма. Она́ сра́зу мне сказа́ла, что Бо́йко хо́дит в восемна́дцатую кварти́ру. Ещё она́ сказа́ла, что в пятна́дцатой рису́ют де́ньги, в восьмо́й продаю́т нарко́тики, а в шестна́дцатой лежи́т ору́жие для чече́нских банди́тов.

— Поня́тно... — отве́тил Андре́й.

— Моисе́ева сказа́ла, что Бо́йко пришёл к ней о́коло полови́ны пе́рвого но́чи.

— В э́то вре́мя был уби́т Мерца́лов... — сказа́л Андре́й, закрыва́я глаза́.

— Да. Они́ пое́ли, попи́ли, а пото́м ста́ли занима́ться тем, чем занима́ются любо́вники, кото́рые давно́ не ви́дели друг дру́га.

— Давно́ они́ не ви́делись?

— Давно́. В после́дний раз Же́ня был у Моисе́евой тре́тьего и́ли четвёртого а́вгуста. Она́ то́чно не по́мнит. Пото́м Бо́йко был в о́тпуске, а в середи́не а́вгуста в о́тпуск уе́хала она́. Но́чью никто́ из ни́х на у́лицу не выходи́л. Же́ня вы́шел от неё о́коло шести́ утра́. Он всегда́ ухо́дит о́чень ра́но. Жены́ бои́тся. Жене́ он сказа́л, что уе́хал на оди́н день в командиро́вку и вернётся ра́но у́тром...

В кабине́т вошёл И́горь Полево́й.

— Приве́т! Сади́сь! — сказа́л Андре́й и поду́мал: «Где же Ди́мка? Кла́вдия давно́ должна́ быть до́ма, а он — здесь, в кабине́те. Что́-то случи́лось?»

О́ля бы́стро рассказа́ла И́горю то, что уже́ успе́ла рассказа́ть Андре́ю.

— Моисе́ева сказа́ла, — продо́лжила О́ля, — что Же́ня ушёл, а она́ легла́ спать. Мину́т через пятна́дцать он верну́лся. Верну́лся о́чень бле́дным. Он ей сказа́л, что ря́дом с её до́мом уби́ли челове́ка. Она́ хоте́ла пойти́ посмотре́ть, но он не разреши́л. Ещё она́ сообщи́ла, что любо́вник был о́чень испу́ган. Он бе́гал по кварти́ре. Всё куда́-то звони́л. Но никуда́ не дозвони́лся. Че́рез не́которое вре́мя она́ сказа́ла ему́, чтобы он уходи́л. Ей на́до бы́ло собира́ться на рабо́ту.

— А где и кем рабо́тает э́тот Же́ня? — спроси́л И́горь.

— Же́ня — генера́льный дире́ктор фи́рмы «Ѝнтер тре́йдинг». Его́ фи́рма занима́ется **ме́лкими** фина́нсовыми опера́-

циями. Вчера́ ве́чером он сро́чно уе́хал в командиро́вку в Калинингра́д. Отту́да пое́дет в Литву́. Верне́тся нескоро.

— Сбежа́л?! — восклинкул Полево́й.

— Да. У меня́ всё. Тепе́рь вы, — сказа́ла Ольга.

(47) Андре́й посмотре́л на Олю, пото́м на Игоря и сказа́л:

— У меня́ кака́я-то ка́ша. Жена́ Мерца́лова, полужива́я, лежи́т в спа́льне. Разгова́ривать с ней нельзя́. Пока́ нельзя́. Во вре́мя убийства роди́тели уби́того бы́ли в теа́тре. Брат уби́того был до́ма, но э́то пока́ не дока́зано.

— Ты проверя́л? — Игорь посмотре́л на него́.

— Да. Консье́ржка говори́т, что бы́ло ещё светло́, когда́ он верну́лся домо́й. То́чного вре́мени не по́мнит. Она́ не зна́ет, был ли он до́ма весь ве́чер и́ли нет, потому́ что не́сколько раз домо́й бе́гала. Она́ живёт в том же до́ме. Но́чью вме́сто неё был муж. Он всю ночь спал и ничего́ не ви́дел.

Игорь и Ольга внима́тельно слу́шали Ларио́нова. Андре́й продолжа́л:

— Отноше́ния у бра́тьев сло́жные. Мла́дший брат говори́т, что Серге́й не вели́кий врач, а вели́кий авантюри́ст. По-мо́ему, он **зави́дует** бра́ту. Но есть ещё что́-то... Я пока́ не по́нял что. Оте́ц и брат говоря́т, что Ири́на в ту ночь им не звони́ла. Это стра́нно. Кому́ должна́ звони́ть же́нщина, у кото́рой но́чью муж вы́шел погуля́ть с соба́кой и не верну́лся? Родны́м му́жа, коне́чно! С ма́терью Мерца́лова я так и не поговори́л. Она́ уе́хала на рабо́ту. За́втра придётся с ней встреча́ться. И ещё там что́-то стра́нное с телефо́ном....

— Что стра́нное? — поинтересова́лась Ольга.

— Они́ почему́-то врут про телефо́н. Не понима́ю, почему́ врут. Мерца́лов-оте́ц сказа́л, что не зна́ет, звони́ла ли им Ири́на. У них телефо́н был вы́ключен всю ночь. Объясни́л э́то про́сто: они́ его́ выключа́ют на́ ночь, чтобы отдыха́ть от больны́х. Об убийстве они́ узна́ли от Ири́ны то́лько днём второ́го сентября́.

— И что здесь стра́нного? — Ольга вопроси́тельно посмотре́ла на Андре́я.

— Пётр мне сказа́л, что и у него́, и у роди́телей — автоотве́тчики. Ни он, ни они́ автоотве́тчики никогда́ не выключа́ют. Мо́гут звони́ть сро́чные больны́е. Зна́чит, Мерца́лов-оте́ц сказа́л мне непра́вду, он до́лжен был у́тром послу́шать автоотве́тчик и уви́деть, что звони́ла Ири́на. Но заче́м? Заче́м **врать**, что телефо́н был совсе́м вы́ключен? Пото́м мать Серге́я Мерца́лова смо́трит на меня́ как на врага́. Я не по́нял: и́ли она́ о́чень си́льный челове́к, и́ли её почему́-то абсолю́тно не интересу́ет смерть ста́ршего сы́на. Мла́дший брат, наоборо́т, говори́т и говори́т. Рассказа́л мне, како́й Серге́й плохо́й врач, каки́е больши́е неприя́тности жда́ли бра́та. И что интере́сно, живёт он в кварти́ре, кото́рую ему́ купи́л брат.

— Как купи́л? — не по́нял И́горь.

— Подари́л. Подари́л кварти́ру мла́дшему бра́ту, когда́ тот око́нчил институ́т. Вы когда́-нибудь о тако́м слы́шали?

— Нет... — отве́тила О́льга.

— И ещё... Мерца́лов-оте́ц говори́т, что не знал, что за Серге́ем следи́ли. А вот Пётр говори́т, что об э́том зна́ли все. Зна́ли, но не ве́рили, что э́то пра́вда. И да́же смея́лись над его́ фанта́зиями. И ещё... По-мо́ему, роди́тели и мла́дший брат за что́-то си́льно не лю́бят жену́ Серге́я.

— Э́то всё? — спроси́л И́горь.

— Е́сли бы... Оте́ц и брат **утвержда́ют**, что у Серге́я на рабо́те бы́ло мно́го враго́в. А среди́ больны́х и их родны́х — ни одного́ врага́! Имён и фами́лий э́тих враго́в не зна́ют. И вот ещё: Пётр мне три ра́за сказа́л, что его́ оте́ц дру́жит с мини́стром МВД, поэ́тому мне не сто́ит задава́ть ему́ вопро́сы...

— Да́-а-а... — протяну́л И́горь.

— И после́днее. Пётр сказа́л, что ме́сяц наза́д каки́е-то банди́ты проси́ли Серге́я положи́ть в свой институ́т кого́-то из свои́х, из о́чень круты́х. Об э́том Петру́ рассказа́л сам Серге́й. Что бы́ло да́льше, Пётр не зна́ет. Говори́т, что э́то мо́жет знать лу́чший друг бра́та — его́ зам Го́льдин. И́горь, Го́льдин зна́ет?

— Зна́ет! — отве́тил И́горь.

(48) Андрей внимательно посмотрел на Игоря и попросил:

— Рассказывай.

— Гольдин сообщил, что к Мерцалову приходил какой-то человек. Сам он его не видел. Как только этот человек ушёл, Мерцалов прибежал к Гольдину в кабинет. Кричал! Сказал, что ему предложили десять тысяч долларов за то, чтобы он положил к себе в институт какого-то крутого мужика. Думает, что бандита. Имя мужика не назвали. За эти деньги Мерцалов должен был написать этому бандиту такую историю болезни, чтобы тот мог быстро уехать за границу делать там срочную операцию. Это было третьего августа. Гольдин говорит, что примерно в это же время за Мерцаловым начали следить.

— А почему Мерцалов отказался? — спросил Андрей.

— Гольдин сказал, что Сергей был очень осторожен в бизнесе. Конечно, он иногда шёл на авантюры, но... шёл осторожно. Гольдин добавил, что Мерцалов медицину уважал и берёг своё имя в медицине. Потеряешь имя — будешь работать только с бандитами. Может, этого боялся, а может, и ещё чего-то...

— Я так думаю, что к нему приходил Евгений Васильевич Бойко, — сказала Ольга. — А, Андрей? Похоже?

— Да, — согласился Андрей. — Скорее всего, это был он. Узнай, Оля, чем занимался третьего августа этот Женя. Покажи его фотографию секретарше Мерцалова. Да-а-а... А вот Пётр Мерцалов говорил мне, что Сергей медицину не уважал. Очень деньги любил и делал на медицине огромный доход.

Андрей снова посмотрел на часы. Димы всё не было...

— Игорь, — попросил он, — рассказывай, что там в институте?

— В институте женщины рыдают, а мужчины готовы заплакать. Секретарша Мерцалова сказала мне, что её начальник — гений и лучший в мире руководитель, хирург, муж и отец. В общем, **идеальный** мужчина. Первого сентября они с женой отвели детей в школу, потом он приехал на работу, сделал две операции, съездил в министерство, провёл совещание, поговорил с Гольдиным и уехал домой.

«Чёрт! Где же всё-таки этот Димка? — думал Андрей. — Что со мной? Почему раньше я слушал информацию холодно и внимательно? А сейчас... Сейчас всё по-другому. Почему я невнимательно слушаю Игоря? Почему я всё время думаю, как счастливо жила семья Сергея Мерцалова? Чёрт!»

— Перед тем как поехать домой, — продолжал Полевой, — Сергей Мерцалов попросил свою секретаршу позвонить в турфирму. Он вдруг решил поехать с семьёй туда, где тепло. Гольдин тоже сказал, что это было неожиданно. Начальник ничего не говорил ему об отпуске. Мерцалов решил уехать на две недели не потому, что за ним следили. Он просто очень не любил осень с дождями, а любил солнце. ...Мерцалов часто делал что-нибудь неожиданное.

— Это всё? — Андрей посмотрел на Игоря.

— Нет. В институте я познакомился с очень красивой девушкой Элеонорой Ковровой. Двадцать четыре года. Старший бухгалтер. Сегодня Эля была вместо секретарши Гольдина. Его секретарша заболела. Когда мы остались вдвоём, она сообщила, что у неё с Мерцаловым уже три года любовь и сын.

— Что-о-о?.. — Андрей удивлённо посмотрел на Игоря.

(49) — Из министерства, — продолжил свой рассказ Игорь, — Мерцалов позвонил Эле и приехал к ней. Был у неё полчаса, поиграл с ребёнком и вернулся в институт.

— Ты не ошибся? — недоверчиво спросил Андрей. — Ты или эта Эля?

— Здесь начинается самое интересное, — сказал Игорь. — Когда секретарша Мерцалова увидела Элю, ей стало совсем плохо. Секретарша сказала мне, чтобы я не верил грязным слухам. Об Эле я спросил и у Гольдина. Зам чуть не ударил меня. А ещё он сказал, что ненавидит расчётливых, хитрых и лживых сук. Зам дал мне машину. По дороге сюда водитель рассказал, что в институте все знают, что Эля — любовница Мерцалова и у неё от него ребёнок. Ещё все знают: если Мерцалов едет куда-нибудь без водителя, то он едет к ней.

— Да-а-а... — только и мог сказать Андрей. Он ничего не понимал. Он уже создал картину жизни семьи Сергея Мерцалова. Эля с сыном были в ней лишние. «Да-а-а, — подумал он. — Пора менять работу... Я целый день был в доме Мерцалова, создавал картину его жизни. Жизни идеального мужчины. А это был **миф**. Как я не почувствовал и не понял, что у него была другая женщина с ребёнком?! И сейчас её, да ещё с ребёнком, почему-то нет на моей картине... Нет, и всё!»

— Да-а-а... — Оля посмотрела на коллег. — Все вы, мужики, одинаковы! Идеальный мужчина — это миф.

— Познакомились они четыре года назад на Крите, — продолжал Игорь. — Эля там отдыхала с родителями. Она тогда ещё в институте училась. Мерцалов сразу предложил ей работать у себя. Сказал, что они с замом ничего не понимают в бухгалтерии. Год она жила как в раю. Потом родился ребёнок, и всё стало сложно. Мерцалов обещал, что женится на ней, как только вырастут его старшие дети. Лет через десять.

— Через сколько-о-о? — удивился Андрей.

— Через десять! — Игорь улыбнулся. — Эля говорит, что она ему верила, потому что его слово — закон! Ещё говорит, что была готова его ждать всю жизнь. Она уверена, что он не бросает семью, потому что он благодарен жене. Благодарен за то, что жила с ним, когда он был ещё очень-очень беден. А ещё Эля уверена, что жену он не любил...

— ...и поэтому звонил ей не меньше трёх раз в день! — закончил Андрей. После паузы он спросил: — О чём Мерцалов разговаривал с Гольдиным?

— О работе. Потом Мерцалов сразу поехал домой. Дома был в восемь вечера.

— Кто же теперь будет руководить институтом? — поинтересовался Андрей.

— Пока Гольдин. Потом в министерстве решат, кто будет директором: Гольдин или кто-нибудь другой, — ответил Игорь.

— Очень интересно, — сказал Андрей. — А когда он узнал о смерти шефа?

— Часо́в в пять утра́. Ему́ позвони́ла Ири́на. Она́ так волнова́лась, что он да́же го́лос её не узна́л. Она́ сказа́ла, что муж вы́шел с соба́кой и не верну́лся. Го́льдин о́чень испуга́лся. Хоте́л сра́зу прие́хать. Но Ири́на попроси́ла его́ снача́ла объе́хать все райо́нные больни́цы. Зам вме́сте со свое́й жено́й пое́хал по больни́цам. Информа́цию ему́ дава́ли сра́зу — в медици́не он челове́к изве́стный. Пока́ они́ е́здили, Мерца́лова уже́ нашли́. Го́льдины прие́хали к Ири́не о́коло девяти́ утра́. Го́льдина оста́лась с Ири́ной, а Го́льдин пое́хал домо́й. У них ма́ленькие де́ти одни́ в кварти́ре оста́лись. Пото́м жена́ пое́хала к де́тям, а Го́льдин — на рабо́ту. В институ́те обо всём узна́ли от Го́льдина.

Все опя́ть немно́го помолча́ли. Пото́м Андре́й продо́лжил:

— Да́-а-а... Мно́го вопро́сов. Почему́ оте́ц Серге́я врал про телефо́н? Почему́ его́ мать не ста́ла со мно́й разгова́ривать? Почему́ она́ не похо́жа на мать, у кото́рой уби́ли сы́на? Мне обяза́тельно на́до поговори́ть с Ири́ной. А ты, О́ля, поговори́ с жено́й Го́льдина. Мо́жет, узна́ешь что́-то про Э́лю.

И тут в кабине́т вбежа́л Ди́ма. По нему́ бы́ло ви́дно, что он с новостя́ми.

— Вы уже́ всё тут рассказа́ли без меня́? — сра́зу спроси́л он.

— Не пережива́й. Мы тебе́ сейча́с всё расска́жем, — сказа́л И́горь.

— Ну что там, Ди́ма? — нетерпели́во спроси́л Андре́й.

— Всё, как вы сказа́ли. За ней следи́ли весь день.

Андре́й посмотре́л на Ди́му до́лгим и непоня́тным взгля́дом. Подошёл к окну́ и вы́ругался так дли́нно и си́льно, что никто́ да́же не улыбну́лся.

(50) На у́жин у Кла́вдии была́ капу́ста. Кла́вдия е́ла капу́сту и смотре́ла на телефо́н. Она́ уже́ позвони́ла Андре́ю. Сра́зу, как пришла́ домо́й. Тру́бку никто́ не брал. Мину́т через пять позвони́ла Татья́на и сказа́ла:

— Звони́ ему́ по́сле девяти́. Сего́дня су́мку никто́ не отбира́л?

— Нет. Никто́ не отбира́л.

— Стра́нно...

— Та́ня, не на́до! — попроси́ла Кла́вдия. — Что тебе́ ну́жно?!
Я и так весь день в окно́ смотре́ла, а не рабо́тала. А за́втра мне
ещё с утра́ в банк на́до.

— Скажи́ мне, Ковалёва, тебе́ о́чень стра́шно?

Кла́вдия поняла́: подру́га бои́тся за неё, но стара́ется шути́ть.

— Почему́ мне стра́шно? Тань, ты вчера́ говори́ла, что э́то
оши́бка...

— А су́мка? Я тут поду́мала... Им почему́-то была́ нужна́
твоя́ су́мка.

— А почему́ ты ду́маешь, что э́то они́? Мо́жет, мальчи́шки
каки́е-то?

— И э́ти мальчи́шки ничего́ из су́мки не взя́ли и бро́сили её
у твое́й две́ри? Нет, Кла́ва, тут что́-то сложне́е...

Подру́ги **договори́лись**, что Кла́вдия позвони́т Та́не сра́зу,
как поговори́т с Андре́ем. Они́ попроща́лись, Кла́ва положи́ла
тру́бку и продо́лжила есть свою́ капу́сту. Сейча́с она́ ничего́ не
боя́лась. Она́ ду́мала то́лько о том, как через полчаса́ позвони́т
Андре́ю и бу́дет с ним разгова́ривать.

Она́ съе́ла капу́сту и легла́ на дива́н. Телеви́зор пока́зывал
но́вости. Они́ бы́ли ужа́сны: на ю́ге стреля́ли, на се́вере сиде́ли
без тепла́, на за́паде сиде́ли без бензи́на, а на восто́ке ещё и
без электри́чества. В парла́менте ссо́рились, в Кремле́ меня́ли
пла́ны, из прави́тельства кто́-то собира́лся уходи́ть. Са́мое
гру́стное, что всё э́то бы́ло о́чень далеко́ от её жи́зни.

Ни в парла́менте, ни в прави́тельстве, ни в Кремле́ никто́
да́же и ду́мать не хоте́л о том, что где́-то далеко́-далеко́ от них
есть лю́ди. Лю́ди бы́ли нужны́ то́лько тогда́, когда́ начина́лись
вы́боры. Вот тогда́-то все начина́ли пла́кать и говори́ть, как
си́льно они́ лю́бят свой наро́д....

Краси́вые и счастли́вые телевизио́нные де́вушки расска́-
зывали о несча́стных лю́дях, о во́йнах, о це́нах... По́сле э́тих
новосте́й до́лжен был нача́ться ста́рый сове́тский фильм.
Кла́вдия о́чень люби́ла таки́е фи́льмы. Да́же са́мые глу́пые.
Люби́ла, потому́ что они́ бы́ли до́брыми, весёлыми и хорошо́
зака́нчивались.

Она налила себе кофе с молоком. Пора звонить Андрею или нет? А может, он про неё давно забыл? Или очень устал. А она тут со своими проблемами... А если его Дима не заметил, что за ней следят?

Зазвонил телефон. Клавдия подбежала, взяла трубку и закричала:

— Таня! Я ему ещё не звонила! Я тебе позвоню, как только поговорю с ним! Может, он со мной и разговаривать-то не будет!

— Будет, — сказал Ларионов. — Не кричи.

(51) «Нет. Не может быть, — подумала Клава. — Он не должен мне звонить. Он не знает моего телефона...»

— Я только что приехал, — продолжил он. — Ты уже звонила, да?

— Звонила. Я думала, это Таня. Я должна ей позвонить после того, как поговорю с тобой.

— Я знаю. Я сейчас с ней разговаривал. Она дала мне твой телефон. Ну что? Может, всё и сразу расскажешь?

— Ты о чём, Андрей? — испугалась Клавдия.

— Может, ты всё-таки шпионка? Или у тебя дедушка — алмазный король? А может, бабушка — королева самой Англии?

Сердце Клавдии упало в живот: «Поверил! Значит, за мной следят! Но я ведь знала, что следят. Почему же сейчас это так сильно испугало меня?»

— Твой Дима видел их, да? Видел?!

— Не их. Его. Мой Дима видел его. Завтра с утра Дима будет у твоего дома, проводит тебя на работу и посмотрит на второго. Вечером он будет занят. Так что ты вечером... будь осторожна...

Она даже не поняла, о чём он говорит. Осторожна? Зачем? Самое главное, что он позвонил ей. Позвонил сам. Сам нашёл её телефон у Тани.

«Успокойся! — сказала себе Клавдия. — Успокойся! Он позвонил, потому что это его работа. Работе он отдаёт девяносто пять процентов своего времени. Звонок — его работа. ...Но я говорю с ним! Он сам мне позвонил!»

— Кла́ва, ты что́, не слу́шаешь меня́? — спроси́л Андре́й недово́льно.

Не могла́ же она́ сказа́ть ему́, что она́ чуть не пла́чет от сча́стья! Он ей позвони́л! «Кака́я же я ду́ра. Кака́я ду́ра!..» — ду́мала Кла́ва. Она́ была́ сча́стлива.

— Да-да́, я слу́шаю! — бы́стро отве́тила она́.

— Я не могу́ сейча́с к тебе́ прие́хать, — сказа́л он, и Кла́вдия чуть не упа́ла с дива́на. — Я бы прие́хал, но они́, вероя́тно, и сейча́с за тобо́й следя́т. Не ну́жно пока́, что́бы они́ зна́ли обо мне́. Так что дава́й пока́ говори́ть по телефо́ну, а за́втра я что́-нибудь приду́маю.

Лицо́ Кла́вдии ста́ло кра́сным. Хорошо́, что он её не ви́дит.

Андре́й хоте́л сказа́ть ей, что за не́й следя́т по оши́бке. Но не сказа́л. Он был уве́рен: э́то не оши́бка. А ещё он был уве́рен, что ме́жду Серге́ем Мерца́ловым и Кла́вдией Ковалёвой есть кака́я-то связь. И ну́жно о́чень бы́стро поня́ть, что́ э́то за связь. От э́того зави́сит мно́гое. Возмо́жно, да́же её жизнь.

(52) Кла́вдия ду́мала, что Андре́й сейча́с поло́жит тру́бку, но он сказа́л:

— Расскажи́ мне всё снача́ла. Когда́ и как ты их заме́тила. Вре́мени у нас мно́го. Всё расскажи́ и не торопи́сь.

Кла́вдия начала́ расска́зывать, а он — слу́шать. Кла́вдия чу́вствовала его́ напряжённое внима́ние. Так он её никогда́ не слу́шал.

— Хорошо́, — сказа́л он, когда́ зако́нчила расска́з. — Тепе́рь дава́й про су́мку. Как ты шла, как упа́ла, как сосе́дка тебе́ в дверь позвони́ла....

— Отку́да ты зна́ешь, что я упа́ла? — спроси́ла Кла́вдия глу́пым го́лосом.

— Ди́мка сказа́л, что ты стра́нно де́ржишь ру́ку. Ты на неё упа́ла. Так?

— Да! На неё! В подъе́зде... Потому́ что меня́ за неё дёрнули...

— За ру́ку?

— За су́мку! А она́ была́ у меня́ **привя́зана** к руке́!

— Зачем?! — не понял он.

— Чтобы не **украли**!

— Хорошо, что не вместе с рукой сумку твою украли!.. — засмеялся он как ненормальный.

— Тебе смешно... Хорошо, там немного было, а не вся зарплата.

Он внимательно выслушал её рассказ про сумку, а потом спросил:

— Клава, а ты не знала врача Мерцалова? В аптеку к вам не заходил?

— Слышала где-то. По-моему, по телевизору. А у тебя есть его фотография? У меня на лица память хорошая.

— Это я уже понял.

— А при чём здесь Сергей Мерцалов?

«При том, что вчера ночью его убили. А перед этим за ним кто-то следил. А меня просили ему помочь, а я...» — подумал он.

— Ни при чём, — сердито ответил Андрей. — Просто спрашиваю.

— Я так испугалась, когда мне эту сумку вернули. Хотела сразу к Тане бежать или к тебе... — она замолчала, потому что поняла, что сказала какую-то ужасную глупость. Чуть не заплакала и добавила:

— Ты не подумай ничего такого...

— А я уже подумал. Не пугайся ты так, пожалуйста. Завтра днём я позвоню тебе на работу. Во сколько ты будешь на работе?

— Ой, завтра с утра мне в банк. Это долго. В аптеке буду к часу дня.

— Хорошо. Я тебе позвоню. Дима в это время уже будет заниматься другими делами. Вечером — сразу домой, сиди дома и никуда не выходи!

— После работы я всегда сразу домой. И никуда не выхожу...

«Поэтому те, кто за тобой следят, такие спокойные. Работа — дом. Дом — работа... И никуда ты больше не выходишь...» — подумал Андрей, а ей сказал:

— Ну и отли́чно. Зна́чит, ве́чером ты мне позвони́шь. И́ли я тебе́ сам позвоню́. И прошу́ тебя́: будь осторо́жна, Кла́ва. О́чень осторо́жна. О́чень! Е́сли по доро́ге что́-то бу́дет не так, как всегда́, сейча́с же езжа́й к Та́не. И́ли ко мне́. И не ду́май, удо́бно э́то и́ли нет. Понима́ешь? Ты меня́ понима́ешь?

— П-понима́ю, — отве́тила она́, хотя́ ничего́ не понима́ла. Она́ была́ влюблена́ в него́ и слы́шала то́лько приглаше́ние: «Приезжа́й ко мне́...»

— На выходны́е я отвезу́ тебя́ на да́чу к роди́телям. **Охраня́ть** тебя́ в Москве́ я не смогу́. Дел мно́го. Всё поняла́?

— Я в суббо́ту рабо́таю... Това́р на́до бу́дет приня́ть...

— Тогда́ отвезу́ тебя́ к ним по́сле рабо́ты. Хорошо́?

— Андре́й, а почему́ всё так сло́жно? Э́то что, о́чень серьёзно, да?

— Не ду́маю, — совра́л он легко́. Врать он уме́л. Рабо́та така́я. — Про́сто не хочу́ никаки́х неожи́данностей. Дава́й звони́ Та́не. Пока́. До за́втра.

— Пока́, — попроща́лась Кла́вдия с глу́пой улы́бкой.

ВОПРОСЫ К ГЛАВЕ 11

(45) 1. Почему́ стажёр Ди́ма реши́л, что мо́гут следи́ть за апте́кой, а не за Кла́вдией?

2. Как стажёр вы́полнил зада́ние майо́ра Ларио́нова? Почему́ он пое́хал на Петро́вку?

(46) 1. Что узна́ла О́льга о Евге́нии Бо́йко? Как О́льга нашла́ Бо́йко и его́ любо́вницу?

2. Почему́ Бо́йко ра́но ушёл от любо́вницы? Почему́ он верну́лся? Как измени́лось его́ настрое́ние?

3. Почему́ О́льга не встре́тилась и не поговори́ла с Евге́нием Бо́йко?

(47) 1. Что консье́ржка рассказа́ла Андре́ю о Петре́ Мерца́лове?

2. Какие отношения, по мнению Андрея, были у братьев Мерцаловых? Объясните его точку зрения.

3. Что майору Ларионову показалось особенно странным в разговоре с отцом и младшим братом Сергея Мерцалова?

(48) 1. Каким был Сергей Мерцалов в бизнесе?

2. За что бандиты предлагали Мерцалову деньги? Почему Сергей не взял эти деньги?

3. Когда за Мерцаловым начали следить?

4. Что в рассказе Игоря особенно удивило Андрея?

(49) 1. Почему Андрей не хотел верить в то, что Эля — любовница Сергея Мерцалова?

2. Когда Гольдин узнал о смерти Сергея Мерцалова? Что он сделал, когда узнал об этом?

3. На какие вопросы у следователей не было ответа?

4. Почему можно сказать, что Андрей волновался за Клавдию?

(50) 1. Кто в этот вечер позвонил Клавдии?

(51) 1. Почему звонок Андрея удивил Клавдию?

2. Почему Андрей позвонил Клавдии?

3. Что посоветовал Андрей Клавдии?

4. Почему Клавдия была счастлива после звонка Андрея?

5. От чего (возможно) зависела жизнь Клавдии? Что должен был срочно понять Андрей?

(52) 1. Почему Клавдия привязывала сумку к руке?

2. Что Клавдия знала о Сергее Мерцалове?

3. Почему Андрей не сказал Клавдии об убийстве врача?

4. О чем Андрей предупредил Клавдию? Что он сказал ей делать, если она почувствует опасность?

5. Какие планы были у Клавдии на субботу?

6. Куда Андрей решил отвезти Клавдию на выходные и почему?

Глава́ 12
С 03.09 на 04.09.1997.
Ночь со среды́ на четве́рг

(53) Всё почти́ гото́во.

За́втра у него́ бу́дет вся ну́жная ему́ информа́ция, и он реши́т, когда́ уберёт её. Она́ глупа́ и неосторо́жна, как все же́нщины. Поэ́тому он не полу́чит тако́е удово́льствие, како́е получи́л, когда́ уби́л мужчи́ну. А жаль...

Он вспо́мнил, как умира́л э́тот молодо́й и си́льный мужчи́на. Он вспо́мнил и почу́вствовал си́льное возбужде́ние. Он встал и на́чал ходи́ть по ко́мнате. Нет, да́же не ходи́ть, а лета́ть! Же́нщина — э́то не так интере́сно.

Одну́ же́нщину он уже́ уби́л. Но *ту* он ненави́дел о́чень си́льно. О́чень! Когда́ он её убива́л, он чу́вствовал сча́стье! В э́том сча́стье он жил не́сколько лет. Э́ти не́сколько лет он был сча́стлив, ра́достен, свобо́ден.

Э́та ему́ не так интере́сна, как пе́рвая. *Э́та* про́сто стои́т у него́ на пути́. Он до́лжен убра́ть её. Он уберёт её легко́, как ста́рую нену́жную вещь.

По́сле э́того его́ ждёт огро́мная, счастли́вая, интере́сная, ра́достная и свобо́дная жизнь. Без э́тих сволоче́й. Э́ти сво́лочи хоте́ли отня́ть то, что ему́ до́рого. Всё, чем он живёт и ды́шит.

Го́споди, каки́е же они́ все ме́лкие! Но они́ так меша́ют ему́ жить! Они́ не стоя́т да́же мину́ты, секу́нды его́ жи́зни! А он до́лжен о них ду́мать! Он уберёт их и полу́чит от э́того вы́сшее удово́льствие. Это его́ де́ло!

Он умне́е, сильне́е и вы́ше всех э́тих ме́лких люде́й, с кото́рыми прихо́дится жить ему́ и его́ семье́. С э́тими людьми́ ему́ на́до рабо́тать, здоро́ваться и выслу́шивать их глу́пые разгово́ры. Они́ глу́пы так, что да́же не мо́гут поня́ть, кто он и кто они́. Они́ ме́лкие, лени́вые, глу́пые **сви́ньи**!

Э́ти тро́е — то́же сви́ньи. Двои́х свине́й уже́ нет. Ему́ прия́тно повторя́ть э́то сно́ва и сно́ва. А послеза́втра не бу́дет и тре́тьей. О́чень хорошо́!

Спеши́ть он не ста́нет. Чем лу́чше он подгото́вится, тем лу́чше бу́дет сде́лано де́ло, тем сильне́е бу́дет чу́вство, что он прав. Для же́нщины у него́ то́же пригото́влена верёвка. Пистоле́т — э́то как в плохо́м детекти́ве. Йли в кино́, кото́рое так лю́бят смотре́ть э́ти сви́ньи.

Он удо́бно сёл и закры́л глаза́…

…Он ещё ма́ленький…

Ско́лько же ему́? Лет пять? Йли да́же ме́ньше? Он собира́ется с роди́телями на Кра́сную пло́щадь. Он хо́дит туда́ ка́ждый год.

«У вас уника́льный ребёнок», — говоря́т знако́мые ма́тери и отцу́.

Он не понима́ет э́того сло́ва, но зна́ет, что оно́ прия́тно. Его́ так хва́лят. Оте́ц смеётся, а мать улыба́ется го́рдо, как короле́ва.

Он зна́ет, что сего́дня пра́здник, что на Кра́сной пло́щади бу́дет что́-то о́чень интере́сное и огро́мное.

С трибу́ны отли́чно ви́дно, как внизу́ плывёт ра́достное людско́е мо́ре. Лю́ди выхо́дят на краси́вую пло́щадь, прохо́дят ми́мо и ухо́дят в ре́ку. До́лгое вре́мя он был уве́рен, что они́ собира́ются здесь ка́ждый год, что́бы пройти́ перед глаза́ми тех, кто на трибу́нах, и пото́м навсегда́ исче́знуть в реке́.

Му́зыка. Фла́ги. Бума́жные цветы́. Кака́я красота́!

Над пло́щадью виси́т си́льный мужско́й го́лос. Людско́е мо́ре кричи́т ему́ в отве́т: «Ур-р-ра́! Ур-р-ра́!!!»

К отцу́ постоя́нно подхо́дят лю́ди, таки́е же краси́вые и огро́мные, как он. Они́ здоро́ваются, смею́тся, кре́пко обнима́ются и да́же целу́ются…

«Ура́-а-а!!!», «Ур-р-ра́!!!», — всё гро́мче и гро́мче крича́т те, кто внизу́.

Ему́ немно́го стра́шно. Оте́ц смо́трит на него́:

— Ты что? Испуга́лся? Не пуга́йся. Они́ крича́т, потому́ что ра́дуются.

Он понима́ет: они́ крича́т, когда́ ра́дуются. Мы не кричи́м. Мы стои́м на трибу́не. Они́ крича́т, ра́дуются и иду́т ми́мо нас, а мы на них смо́трим.

Вечером у них будут гости. Мать в очень красивом платье будет играть на рояле и петь. Потом отец будет танцевать с ней. А гости будут говорить, что они — очень красивая пара...

Он открыл глаза. Лицо было мокрым от слёз.

Он давно уже вырос, но воспоминания волнуют его, как маленького мальчика.

Ну и пусть. Даже у самых-самых великих могут быть слабости. Они есть и у него, потому что он — Человек!

(54) Полночи Андрей спал, а другие полночи думал. Дел много. Но он не мог заниматься ничем, кроме дела Сергея Мерцалова. А ещё и Клавдия...

С ней надо серьёзно поговорить. Узнать, как живёт, чем сейчас занимается. Узнать, не видела ли она чего-то, чего ей не надо было видеть...

Ещё он думал об Эле Ковровой и не находил ей места в жизни Сергея Мерцалова. Она была лишней в жизни Сергея и Ирины Мерцаловых. Он решил, что надо обязательно посмотреть на эту любовницу. Посмотреть на неё и на третьего сына Сергея.

А может, и не третьего. Может, у него их десяток?

У Андрея было четыре **версии** и много вопросов.

Версия первая. Любовный **треугольник** «Сергей Мерцалов — его жена — любовница Эля». Жена находит кого-то, кто убивает её мужа, который ей изменяет. Потом у неё шок, но дело сделано. А зачем следить? Жена и так всё знает о нём. Если всё-таки за Мерцаловым следили её люди... Зачем обращаться к подруге, чтобы та попросила мужа-мента узнать, кто следит?..

Версия вторая. Тот же любовный треугольник. Любовница находит кого-то, кто убивает её любовника. Зачем ей это нужно? Жене нужно, чтобы муж не ушёл к другой с деньгами. А любовнице? Из-за ревности? Из-за злости? Ещё из-за чего? А следить за любовником она могла? Да. Любовница обычно знает меньше, чем жена. Муж и любовник — это два очень разных человека, которые живут в одном мужчине.

Ве́рсия тре́тья. Мерца́лова уби́ли банди́ты. Они́ предложи́ли ему́ де́ньги за то, что́бы он нашёл у одного́ из ни́х стра́шную боле́знь, кото́рую ле́чат то́лько за грани́цей. Заче́м им убива́ть его́? Мерца́лов отказа́лся, но мо́жно найти́ и друго́го врача́. Испуга́лись, что он пойдёт к мента́м? Э́то глу́по. Же́ня ска́жет, что приходи́л к нему́ и проси́л посмотре́ть его́ больну́ю ма́му.

Ве́рсия четвёртая. Пётр Мерца́лов. Он ненави́дит бра́та. Ненави́дит си́льно. Они́ ссо́рятся, и Пётр убива́ет бра́та. А заче́м тогда́ на́до бы́ло следи́ть? Мо́жет, Пётр э́то организова́л, что́бы никто́ не поду́мал, что уби́йца он?

Рабо́тал телефо́н у роди́телей Мерца́лова и́ли нет? Е́сли рабо́тал, то почему́ Мерца́лов-ста́рший навра́л про телефо́н?

Приезжа́л Серге́й в тот ве́чер к Э́ле Коврово́й и́ли нет? И е́сли приезжа́л, то кто его́ там мог ви́деть?

О чём Мерца́лов со́рок мину́т говори́л с Го́льдиным, когда́ верну́лся от Э́ли? Со́рок мину́т — э́то о́чень до́лго. У́тром уже́ бы́ло одно́ совеща́ние. Заче́м Серге́ю сно́ва был ну́жен зам?

Почему́ Го́льдины уе́хали из кварти́ры Мерца́ловых до мили́ции? Он беспоко́ился о де́тях и́ли о себе́?

Что за исто́рия знако́мства Мерца́лова и э́той Э́ли? Жена́ и секрета́рша Мерца́лова сказа́ли И́горю, что в о́тпуск он всегда́ е́здил с семьёй. Как мужи́к, кото́рый отдыха́л с жено́й и двумя́ детьми́, мог нача́ть рома́н с чужо́й ба́бой?

Так. А тепе́рь скажи́, майо́р Ларио́нов, како́е отноше́ние всё э́то име́ет к Кла́вдии Ковалёвой, за кото́рой то́же следя́т? Не зна́ешь?..

Андре́й сде́лал себе́ о́чень горя́чую ва́нну (она́ всегда́ ему́ помога́ла). Когда́ он свари́л себе́ по́сле ва́нны ко́фе, зазвони́л телефо́н. Он посмотре́л на часы́. О́чень ра́но. Нача́ло седьмо́го. Андре́й взял тру́бку. Звони́ли с рабо́ты. В тру́бке сказа́ли, что ему́ звони́ла Ири́на Никола́евна Мерца́лова, она́ сообщи́ла, что уезжа́ет на да́чу, и оста́вила а́дрес да́чи.

Андре́й поду́мал, что она́ что́-то хо́чет ему́ сказа́ть, чего́ не мо́жет сказа́ть до́ма. Он реши́л съе́здить к ней по́сле двух ва́жных дел.

ВОПРОСЫ К ГЛАВЕ 12

(53) 1. Что думал о Клавдии в ночь со среды на четверг тот, кто заказал слежку за ней? Когда и как он собирается убить её? Почему он сам хочет убить девушку?

2. Кого этот человек уже убил? За что? Что он почувствовал, когда убил этих людей?

3. Что убийца думал о себе и о других людях?

4. Что вы узнали: а) о семье убийцы? б) о воспоминаниях его детства?

(54) 1. Как Андрей провёл ночь со среды на четверг?

2. О чём Андрей хотел поговорить с Клавдией?

3. Что Андрей думал об Эле? Почему он решил познакомиться с ней и с её сыном?

4. Сколько версий убийства было у Андрея? Какие?

5. На какие вопросы у Андрея не было ответа?

6. О чем сообщили Андрею с работы в начале седьмого утра? Какое решение принял Андрей?

Глава́ 13
04.09.1997. Четве́рг. У́тро.

(55) У́тром О́ля Дружи́нина позвони́ла в три ме́ста и везде́ договори́лась о встре́чах. Догова́риваться бы́ло непро́сто. Не лю́бит наш наро́д менто́в.

Пе́рвая встре́ча была́ с Людми́лой Го́льдиной — краси́вой и како́й-то о́чень дома́шней же́нщиной. Людми́ла поинтересова́лась:

— Что вы хоти́те узна́ть?

О́льгу интересова́л то́лько оди́н вопро́с. Пря́мо она́ зада́ть его́ не могла́, поэ́тому сказа́ла:

— Расскажи́те мне о Серге́е Мерца́лове.

— Го́споди, заче́м вам э́то? Он был бли́зким нам челове́ком. Понима́ете? Для нас э́то... ужа́сно... то, что случи́лось. Мы с Са́шей...

— Вы рабо́таете?

— Нет. Я рабо́тала, пока́ не появи́лись де́ти. В больни́це рабо́тала. Медици́нской сестро́й. Ба́бушек нет. Ну, мы и реши́ли, что мне лу́чше не рабо́тать.

— Вы дружи́ли се́мьями?

— Да. Ежедне́вно звони́ли друг дру́гу. Серёжка всегда́ говори́л, что таки́х жён, как мы с И́рой, ни у кого́ бо́льше нет. А нам, ду́рам, э́то прия́тно бы́ло слы́шать. Мы и в о́тпуск всегда́ вме́сте е́здили. Мужчи́ны дня́ми лежа́ли под со́лнцем и ничего́ не де́лали, да́же не разгова́ривали. А мы с И́рой — на экску́рсии, по магази́нам, с детьми́... Мы бы́ли как родны́е. А тепе́рь... Я да́же ду́мать бою́сь, что там с И́рой. Я е́хать к ней бою́сь... Понима́ете?

— Понима́ю, — ти́хо сказа́ла О́льга. — Понима́ю. Расскажи́те мне про тот ве́чер. Когда́ прие́хал ваш муж?

— Вы что́-о-о?! Вы ду́маете, что э́то он?!. Да как же вы мо́жете?!.

— Нет, — че́стно сказа́ла О́льга. — Нет. Успоко́йтесь. Я пыта́юсь поня́ть, кто мог уби́ть Серге́я Мерца́лова.

Гольдину не́ было интере́са убива́ть Мерца́лова. За Серге́ем он жил споко́йно и хорошо́. Гольдину нра́вилось быть вторы́м лицо́м. Свобо́ды бо́льше. И зарпла́та хоро́шая. Тепе́рь, когда́ Гольдин оста́лся оди́н, он уже́ не бу́дет ни пе́рвым, ни вторы́м челове́ком в институ́те.

— Он прие́хал в тот день домо́й о́коло девяти́ ве́чера. По доро́ге зае́хал в магази́н. В холоди́льнике бы́ло пу́сто. Поу́жинали. Пото́м се́ли чай пить и разгова́ривать. Муж торт вку́сный купи́л. О́коло полови́ны деся́того Серёжа позвони́л...

— О чём они́ говори́ли?

— Об о́тпуске! Мы собира́лись в о́тпуск в ноябре́. Все вме́сте. И вдруг Серге́й реши́л пое́хать с семьёй сейча́с. Ещё сказа́л, что в ноябре́ и́ли пое́дем все вме́сте, и́ли Йра с детьми́ пое́дет с на́ми, а он оста́нется в Москве́. Пото́м мы положи́ли дете́й спать и то́же легли́. Ну а но́чью... Йра...

— Людми́ла, у меня́ к вам ещё оди́н вопро́с. То́лько вы, пожа́луйста, отвеча́йте так, как сейча́с со мно́й разгова́ривали: откры́то и че́стно. Ла́дно?

— Ну, ла́дно...

— Нам о́чень ва́жно знать, что свя́зывало Серге́я и Элеоно́ру. Как то́лько О́льга задала́ гла́вный вопро́с, она́ почу́вствовала, что Людми́ла сра́зу закры́лась и ста́ла далёкой.

— Вы прости́те меня́, пожа́луйста, О́льга, — сказа́ла она́ с холо́дной неесте́ственной улы́бкой, — но я не могу́ э́то обсужда́ть. Ни с кем. Э́то де́ло Серге́я и его́... семьи́. Э́то не име́ет никако́го отноше́ния к... его́ сме́рти.

— Вы не пра́вы. Чем ме́ньше мы зна́ем, тем нам трудне́е найти́ уби́йцу.

— Я не могу́. Поговори́те с Са́шей. Пожа́луйста...

«Глу́пая дома́шняя коро́ва. "Поговори́те с Са́шей!" А то я без тебя́ не зна́ю, с кем мне на́до поговори́ть!» — поду́мала О́льга и сказа́ла:

— Спаси́бо, Людми́ла. Вы о́чень мне помогли́.

О́льга вы́шла от Го́льдиных и сра́зу позвони́ла на рабо́ту. Андре́й был на ме́сте, и она́ пересказа́ла ему́ разгово́р с Людми́лой Го́льдиной.

(56) Дима Мамаев взял у брата костюм за тысячу долларов и дорогой портфель. В костюме и с портфелем он чувствовал себя полным идиотом. Костюм и портфель были ему нужны, потому что утром он поехал в фирму «Интер трейдинг». Её директором был Евгений Васильевич Бойко. Дима был уверен, что Мерцалова убил он. А то зачем этот Женя убежал за границу?

Андрей, Оля и Игорь так не думали. Андрей сказал, что Женя срочно уехал, потому что, возможно, знал убийцу. «Сегодня Оля поедет в институт с фотографией Жени и узнает: он приходил к Мерцалову или кто-то другой. Но я-то точно знаю, что он!» — думал стажёр.

Димка серьёзно подготовился к разговору в фирме. Он всё узнал о ценных бумагах[1]. Димка начал рассказывать **менеджеру** историю о том, что хочет вложить деньги в какие-нибудь ценные бумаги. Он говорил и говорил, но менеджер его почти не слушал. В конце концов Дима спросил, что случилось.

— Да понимаете, наш главный сейчас в командировке. А мы только что узнали, что умер один наш важный клиент. Сердце, понимаете... Он был председателем одного благотворительного фонда.

— Крупный клиент? Серьёзный? — спросил Дима.

— Очень и ... давний.

— А что у него за фонд? Известный?

— Очень известный. «Русский **меценат**». Слышали, наверное, да?

— Какие крутые у вас клиенты, — сказал Дима, хотя никогда и ничего не слышал про благотворительный фонд «Русский меценат».

Менеджер радостно улыбнулся и предложил Диме десяток **рекламных** бумажек, в которых рассказывалось, как можно стать богатым и счастливым, если купишь ценные бумаги. Дима видел, что менеджер думает только о том, как поскорее попрощаться, выбежать из комнаты и узнать о последних событиях.

Дима вышел из «Интер трейдинга» и сразу позвонил на работу:

— Йгорь, — сказа́л он, услы́шав го́лос Йгоря Полево́го, — а Ларио́нова нет?

— Ве́чером бу́дет. Переда́ть чего́?

— Вчера́ у́мер гла́вный клие́нт Же́ни Бо́йко. Се́рдце. Он руководи́л каки́м-то благотвори́тельным фо́ндом «Ру́сский мецена́т». Зна́ешь тако́й фонд?

— Нет. Наве́рное, како́й-то из тех, через кото́рые де́ньги отмыва́ют[2].

— Как ты ду́маешь, сходи́ть мне туда́?

— Куда́? — не по́нял Йгорь. — В фонд?

— И в фонд, и к э́тому, кото́рый... Узна́ю, от се́рдца ли он...

— Сходи́. Интере́сные дела́, а? Ещё и гла́вный клие́нт... Когда́ пойдёшь, приду́май у́мную ве́рсию, почему́ ты туда́ пришёл.

Комментарии

[1] Ценные бумаги — (идиом.) финансовые документы: акции, облигации.

[2] Отмывать/отмыть деньги — (идиом.) делать легальными незаконно полученные деньги.

(57) Пе́рвым ва́жным де́лом для Андре́я была́ пое́здка к роди́телям Серге́я Мерца́лова. Он пое́хал к ним с са́мого утра́. По доро́ге он купи́л две кассе́ты для автоотве́тчика. Настрое́ние бы́ло плохи́м. Мо́жет, из-за дождя́... Мо́жет, не хоте́лось встреча́ться с Ли́дией Петро́вной Мерца́ловой...

«Тебе́ не мо́жет *хоте́ться* и́ли *не хоте́ться*. Это твоя́ рабо́та. Твоя́ рабо́та! Ты по́нял и́ли нет?» — говори́л он себе́.

У́тром позвони́л Ди́ма. Сказа́л, что проводи́л Кла́вдию до ба́нка и что с утра́ за не́й следи́т друго́й па́рень. Следи́т из маши́ны. В метро́ э́тот па́рень за не́й не пошёл, а пое́хал к апте́ке. «Зна́чит, — поду́мал Андре́й, — пока́ она́ в ба́нке, ей ничто́ не угрожа́ет. А пото́м?»

Андре́й успе́л поговори́ть и с Йгорем. Он сказа́л Полево́му, что на́до иска́ть то, что свя́зывает Серге́я Мерца́лова и Кла́вдию

Ковалёву. И ещё он сказа́л И́горю, что да́же бли́зко не представля́ет, что э́то мо́жет быть.

Вот и кварти́ра Мерца́ловых-ста́рших. Дверь откры́ла сама́ Мерца́лова. Она́ не поздоро́валась, а лишь хо́лодно сказа́ла:

— У вас ро́вно семь мину́т. Верони́ка, проводи́те.

Отку́да-то появи́лась **прислу́га**. Прислу́га проводи́ла Андре́я в кабине́т. Он сра́зу заме́тил, что телефо́на здесь нет. Андре́й сел. В кабине́те бы́ло хорошо́: ти́хо, споко́йно, мно́го ме́ста, краси́во... Прия́тный кабине́т. Интере́сно, здесь Мерца́лов-ста́рший принима́ет свои́х больны́х? Откры́лась дверь, вошла́ Мерца́лова и сказа́ла:

— Я слу́шаю вас!

— Ли́дия Петро́вна, не ну́жно теа́тра. Сади́тесь и поговори́м споко́йно. А то я решу́, что вы зна́ете что́-то о́чень ва́жное и не хоти́те мне об э́том говори́ть. Тогда́ я начну́ иска́ть по-настоя́щему...

Андре́й заме́тил, что она́ как бу́дто стрельну́ла на него́ глаза́ми.

— ...и вам э́то, наве́рное, не понра́вится, — договори́л он.

Она́ поду́мала, се́ла и хо́лодно спроси́ла:

— Должна́ ли я понима́ть, что сейча́с вы рабо́таете пло́хо?

— Мы не рабо́таем пло́хо. Мы бережём не́рвы ва́шей семьи́. Е́сли вы не бу́дете с на́ми разгова́ривать, мы переста́нем их бере́чь.

— Поня́тно. Пётр говори́л мне, что с ва́ми ну́жно разгова́ривать осторо́жно. Но я не зна́ла, что вы бу́дете вести́ себя́ так **на́гло**!

На́гло?! Андре́й не пове́рил свои́м уша́м. Он ведёт себя́ на́гло?! А, мо́жет... мо́жет, э́то его́ **шанс**? Он встал и о́чень ве́жливо сказа́л:

— До свида́ния, Ли́дия Петро́вна. Встре́тимся в моём кабине́те.

Он сказа́л э́то, вы́шел из ко́мнаты и закры́л дверь. Есть секу́нд семь. За э́то вре́мя она́ поймёт, что произошло́, и вы́йдет из кабине́та. Он посмотре́л вокру́г. Прислу́га на ку́хне мо́ет посу́-

ду. Где телефóн? В **гостúной!** Он бы́стро подошёл к телефóну, откры́л егó, замени́л кассéту и закры́л егó.

Когдá Ли́дия Петрóвна вы́шла из кабинéта, он ужé надевáл кýртку.

— До свидáния, — сказáл он вéжливо. — Вас вы́зовут на Петрóвку.

— Возмóжно, что я не сли́шком хорошó вас встрéтила, — началá онá. — Но я потеря́ла сы́на, и у меня́ … мнóго срóчной рабóты.

«Вот так, — подýмал Андрéй. — Сы́на уби́ли, и рабóты мнóго...»

— Вы мне открóете? — хóлодно спроси́л Андрéй.

Онá подошлá и откры́ла емý дверь. Андрéй вы́шел и побежáл вниз по лéстнице. Стоя́ть и ждать лифт ря́дом с *её* кварти́рой он не мог.

(58) Андрéй вы́шел из дóма Мерцáловых-стáрших, сел в маши́ну и подýмал: «Вчерá Мерцáловы весь день бы́ли у Ири́ны. Они́ могли́ забы́ть **стерéть** зáпись на кассéте. Вдруг мне повезлó? Ведь иногдá должнó везти́...»

Андрéй поéхал к Петрý Мерцáлову.

Вопросов было много. Почему Лидии Петровне как будто неинтересно, найдут убийцу её старшего сына или нет? Что за отношения были у неё с ним? Она не верит, что убийцу можно найти? Боится, что мы узнаем о ком-то из её близких то, что знать не должны? Кто может быть этим «кто-то»? Муж? Второй сын? Странная семья у Сергея... Может, он ушёл из этой шикарной квартиры в общежитие не из-за Петра, а из-за того, что семья такая? А какая семья была у самого Сергея? Что за отношения с Элей? Знала ли о ней Ирина? Скорее всего, знала, не могла не знать... Вот, например, он, Андрей Ларионов, сразу понял, что у жены появился любовник. Понял и не смог с ней дальше жить. А если Ирина знала, то почему не уходила? Из-за денег? Деньги, конечно, вещь великая. Но есть ведь что-то и сильнее, чем деньги...

Вот и квартира Петра Мерцалова. Дверь открыл Пётр.

— Поговорили с Лидией Петровной?

Андрей подумал: «Как и мать. Тоже не поздоровался».

— Поговорили. Разрешите, я войду, Пётр Леонидович?

— Ладно, входите. Я не такой крутой, как она. Я вас выгонять не буду.

Квартира Петра была не такой шикарной, как у его родителей. Телефон Андрей увидел сразу. Он был такой же, как и у Мерцаловых-старших.

— У меня к вам всего несколько вопросов, — сказал Ларионов и очень внимательно посмотрел на Петра. — Вопрос первый. Какие отношения были у вашего брата с Элеонорой Ковровой?

Андрей заметил, что на одну секунду... только на одну секунду глаза Петра стали как будто **стеклянными**.

— А что на улице? — спросил Пётр. — Дождь? Да?

— Дождь. И ветер.

— Как в ноябре... Да, так о чём вы спрашивали?

«Придумал, что ответить и сейчас скажет», — подумал Андрей и повторил вопрос. Ему стало смешно.

— Она была его любовницей, — ответил Пётр.

— Правда, что у них ребёнок?

— Так говоря́т. Я не зна́ю. Я с ней не встреча́юсь и до́ма у неё не быва́ю.

— Где вы с ней познако́мились?

Пётр не ждал тако́го вопро́са. Он не знал, что отве́тить. У него́ не́ было вре́мени приду́мать отве́т. Он смотре́л мно́го фи́льмов про менто́в и был уве́рен, что все они́ дураки́, идио́ты и пья́ницы.

— Зна́ете, — сказа́л Андре́й, — я бу́ду проверя́ть всё, что вы мне ска́жете. Э́то сде́лать про́сто. Е́сли я узна́ю, что вы мне врёте, я переста́ну вам ве́рить. А э́то уже́ бу́дет… нехорошо́. Да́же, е́сли ваш дя́дя — президе́нт.

— Нет у меня́ дя́ди… дя́ди-президе́нта, — зло сказа́л Мерца́лов-мла́дший. — Не на́до меня́ пуга́ть. Вы пока́ не мо́жете доказа́ть и́ли утвержда́ть, что я вам вру.

— Когда́ смогу́, уже́ по́здно бу́дет, Пётр Леони́дович…

(59) Андре́й не спеши́л уходи́ть из кварти́ры Петра́ Мерца́лова. Хозя́ин ме́дленно на́чал расска́зывать.

— Я познако́мился с Элеоно́рой тогда́ же, когда́ и Серёжка. Четы́ре го́да наза́д. На Кри́те. И что? Нельзя́ с ней бы́ло знако́миться? Заче́м вам э́то?

Андре́й с удивле́нием поду́мал: «Зна́чит, кро́ме жены́ и дете́й, на Кри́те с Мерца́ловым был ещё брат?! Да-а-а…»

— Как вы с ней познако́мились?

— На та́нцах. Ну, мы все пошли́ на та́нцы. Серге́й, я и его́ де́ти. Йра попо́зже подошла́. Познако́мились. Серге́й сра́зу Элеоно́ре понра́вился… Ну… она́ ста́ла вести́ себя́ так, что́бы и ему́ понра́виться. Но тут Йра пришла́…

— Он ча́сто изменя́л жене́?

— Я не зна́ю! — кри́кнул Пётр. — Я ничего́ не зна́ю про то, изменя́л он жене́ и́ли нет. Элеоно́ру Серге́й взял к себе́ в институ́т. А я … я вско́ре ушёл из его́ институ́та. Зна́ю, что у Элеоно́ры роди́лся сын. Но э́то все зна́ют…

— Когда́ вы ви́дели её в после́дний раз?

— А что? — вдруг спроси́л Пётр. — Её то́же того́… уби́ли?

Андре́ю показа́лось, что он услы́шал в го́лосе Петра́ сла́бую
наде́жду.

— Пока́ жива́. Так когда́ вы её ви́дели в после́дний раз?

— А никогда́! — отве́тил Мерца́лов. — Го́споди, да почему́
я до́лжен отвеча́ть на ва́ши глу́пые вопро́сы?! Да я не по́мню,
когда́ я её ви́дел. Давно́. В институ́те я давно́ не́ был, а, кро́ме
институ́та, мне ви́деть её не́где.

— Ва́ши роди́тели зна́ли о том, что у Серге́я есть от неё ребёнок?

— Спроси́те роди́телей. Я не могу́ за ни́х отвеча́ть!

— Зна́чит, вы э́тот вопро́с в семье́ не обсужда́ли?

— Нет! Не обсужда́ли! — Пётр не́рвно закури́л. Э́то бы́ло
похо́же на плохо́й теа́тр. — Понима́ете, Йра ма́ме не о́чень
нра́вилась.

— Почему́?

— Ну, она́ из о́чень просто́й семьи́ ... И пото́м Серге́ю бы́ло
всего́ два́дцать лет... Он то́лько учи́ться на́чал... Что́ э́то за се-
ме́йная жизнь?

— Серге́й говори́л, почему́ за ни́м мо́гут следи́ть?

— Нет, — поду́мал и пото́м отве́тил Пётр. — Он сам не знал,
кто за ни́м следи́т. Да ему́ никто́ и не ве́рил, кро́ме Го́льдина.
То́лько он и ве́рил. Е́сли бы он не ве́рил, то Серёга бы того́...
зарпла́ту бы ему́ не дава́л.

— Он ча́сто не дава́л ему́ зарпла́ту?

— Да не зна́ю я! Я про́сто так сказа́л. Меня́ их дела́ не
интересу́ют!

— Кто вам сообщи́л, что Серге́й поги́б?

— Оте́ц, — отве́тил Пётр ка́к-то неуве́ренно. — Он позвони́л
у́тром и сказа́л...

— Во ско́лько э́то бы́ло?

— Я не по́мню. У́тром.

— Кака́я у вас маши́на?

— Заче́м вам э́то? — закрича́л Пётр. — Я уже́ говори́л: бра́та
я не убива́л!

— Так кака́я у вас маши́на?

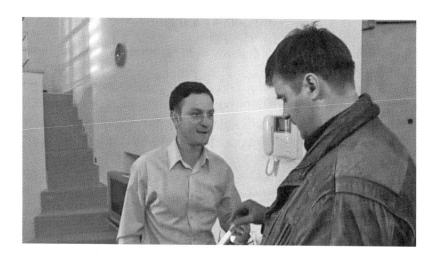

— «Шкóда Фелúция», — усмехнýлся Пётр. — Послéднюю модéль «Фольксвáгена», как у брáта, мне ещё рáно.

— Понáтно, — сказáл Андрéй. — Лáдно, Пётр Леонúдович. Большóе вам спасúбо. Навéрное, нам придётся ещё встрéтиться...

Ужé в дверáх Андрéй сказáл:

— Извинúте, я на кýхне забы́л сигарéты.

Пётр пошёл за сигарéтами, чтóбы мент поскорéе взял их и ушёл.

Андрéй бы́стро подошёл к телефóну и опáть поменáл кассéты.

Тепéрь Андрéй тóчно знал, что Сергéя Мерцáлова убúли не бандúты. Хотá нáдо провéрить и их. Жéня тóчно не мог убúть Сергéя. Когдá Бóйко увúдел труп, емý плóхо стáло. Тогдá кто? Брат? Всё-таки брат?..

ВОПРОСЫ К ГЛАВЕ 13

(55) 1. Сколько дней прошло после убийства Сергея Мерцалова?

2. Как начался рабочий день Ольги Дружининой?

3. Кто такая Людмила Гольдина? Как Гольдины относились а) к Сергею Мерцалову? б) к его семье? в) к его смерти?

4. Что делали Гольдины вечером 1 сентября? Кто и когда им сказал, что Сергей убит?

5. Почему у Гольдина не было мотива убивать Сергея Мерцалова?

6. Какой главный вопрос был у Ольги к Людмиле? Она получила ответ на этот вопрос?

(56) 1. Зачем Дима Мамаев взял у брата дорогой костюм и дорогой портфель? Как он себя чувствовал в этом костюме и с портфелем?

2. Кто, по мнению Димы, убил Мерцалова?

3. Какое настроение было у работников фирмы «Интер трейдинг»?

4. Что Дима узнал от менеджера фирмы? Куда он теперь пойдёт?

(57) 1. Куда и с каким настроением поехал утром Андрей? Что он купил по дороге? Как вы думаете зачем?

2. Что Андрей узнал от Димы о Клаве? Почему он решил, что ей пока ничто не угрожает?

3. Почему майор Ларионов не стал долго разговаривать с матерью Мерцалова у неё дома, а пригласил её на Петровку?

4. Что Андрей сделал в доме Мерцаловых?

(58) 1. Куда Андрей поехал после Мерцаловых-старших?

2. На какие вопросы Андрей должен был найти ответы?

3. Почему Андрей развёлся со своей женой?

4. Как Пётр Мерцалов встретил Андрея?

5. Какие вопросы Андрей задал Петру? Какие ответы он получил?

6. О чём Андрей предупредил Петра?

(59) 1. Что Пётр рассказал о своём знакомстве с Элей? Что в его рассказе удивило Андрея?

2. Что Пётр рассказал о романе брата с Элей? А о других его романах?

3. На какие вопросы Пётр не ответил точно и прямо?

4. Почему мать Сергея Мерцалова не любила Ирину?

5. Почему, по мнению Петра, только Гольдин верил в то, что за Сергеем следят?

6. От кого и когда Пётр узнал о гибели Сергея?

7. Что сделал Андрей, перед тем, как уйти от Петра? Как это ему удалось сделать?

8. Почему у Петра была машина классом ниже, чем у старшего брата? Можно ли сказать, что младший брат завидовал старшему?

9. Кто, по мнению Андрея, точно не был убийцей Сергея Мерцалова? Вы согласны?

Глава́ 14
4.09.1997. Четве́рг. День

(60) По́сле Петра́ Андре́й пое́хал на да́чу к Ири́не Мерца́-
ловой. Да́ча оказа́лась **типи́чным** до́мом «но́вых ру́сских».
Вокру́г стоя́ли таки́е же бога́тые дома́. Воро́та бы́ли откры́ты.
Он подъе́хал к до́му. Дверь откры́лась, и он уви́дел Ири́ну. Она́
вы́глядела ещё ху́же, чем в тот стра́шный день.

Андре́й вы́шел и останови́лся. Но́ги не шли. Ему́ бы́ло
стра́шно. Стра́шно смотре́ть на неё, стра́шно разгова́ривать,
стра́шно ду́мать о том, что с ней бу́дет да́льше. Ири́на не
смотре́ла в сто́рону го́стя, то́лько ти́хо сказа́ла:

— Здра́вствуйте. Проходи́те. Что вы не вхо́дите в дом?
Дождь же!

— Я иду́, иду́. Спаси́бо.

— Ко́фе бу́дете? Заче́м я спра́шиваю... Коне́чно, бу́дете...

— Извини́те, я вчера́ не смог поговори́ть с ва́ми... Ва́ша
свекро́вь...

— Е́сли вы хоти́те спроси́ть, не сошла́ ли я с ума́, то нет.
У меня́ де́ти. Де́ти... Я не сойду́ с ума́... Прости́те, я то́лько забы́-
ла, как вас зову́т.

— Ларио́нов Андре́й Дми́триевич.

— Я то́лько не о́чень понима́ю, заче́м вы и́щете кого́-то? Его́
не вернёшь. Понима́ете? Всё. Коне́ц исто́рии. Я опя́ть забы́ла,
как вас зову́т... Прости́те...

— Андре́й. Меня́ зову́т Андре́й Ларио́нов.

— Как вы ду́маете, мы с ним ещё уви́димся? Я ника́к не могу́
поня́ть, почему́ же он ушёл. Почему́, когда́ он так всем ну́жен?
И мне, и де́тям, и... лю́дям, кото́рых лечи́л? Почему́? Ра́зве
челове́к мо́жет уйти́, когда́ он так ну́жен?

— Он про́сто не смог оста́ться.

— А ещё я ду́маю о том, как я бу́ду его́ руга́ть, когда́ уви́-
жу, — улыбну́лась она́. — Как же я бу́ду руга́ть его́! За то, что
бро́сил нас одни́х. Де́ти же ещё ма́ленькие! Они́ его́ так лю́бят!
А он?! ...Вы ве́рите, в жизнь на том све́те?

Ему́ бы́ло бо́льно на неё смотре́ть. Но он смотре́л ей пря́мо в глаза́.

— Мой дед и мой пра́дед бы́ли **свяще́нниками**. К пра́деду наро́д шёл за сове́том и до́брым сло́вом. Вся Москва́ его́ зна́ла. Ба́бушка расска́зывала, что к нему́ да́же вели́кий писа́тель Лев Толсто́й приходи́л... Поэ́тому в жизнь на том све́те я ве́рю. Ве́рю. А то нет никако́го смы́сла. Ири́на слу́шала Андре́я, как бу́дто он расска́зывал ей чу́до-ска́зки.

— Да! Пра́вильно, — сказа́ла она́. — Е́сли нет, то нет никако́го смы́сла...

Тепе́рь Ири́на говори́ла с Андре́ем, бу́дто у них была́ о́бщая та́йна:

— Моя́ ма́ма рабо́тала на конфе́тной фа́брике, па́па был инжене́ром на автомоби́льном заво́де. Свяще́нников не́ было. Ма́ма мно́го боле́ла. Па́па уходи́л в ва́нную, закрыва́л дверь и пла́кал. Ма́мы уже́ нет, па́пы то́же... Где та хоро́шая жизнь? Почему́ мы в о́тпуск не е́дем?.. Ничего́ поня́ть не могу́!.. — сказа́в э́то, Ири́на замолча́ла. Молча́ла она́ до́лго, пото́м продо́лжила: — Мне совсе́м не́ с кем поговори́ть про него́, понима́ете?

— Вы поэ́тому проси́ли меня́ прие́хать?

— Нет! Мину́точку... — она́ вы́шла, бы́стро верну́лась и дала́ ему́ кассе́ту от автоотве́тчика.

(61) Андре́й взял кассе́ту. Две то́чно таки́е же уже́ бы́ли у него́.

— Что э́то? — спроси́л он с удивле́нием.

— Э́то я услы́шала вчера́ ве́чером. До́ма, в Москве́. Понима́ете, телефо́н звони́т ка́ждую мину́ту. Я не подхожу́ к нему́. Я пото́м бу́ду подходи́ть... Там говоря́т, что я су́ка и что я получи́ла то, что должна́ была́ получи́ть.

— Го́лос мужско́й и́ли же́нский?

— Го́лос... не зна́ю. Скоре́е мужско́й. Како́й-то он непоня́тный, го́лос.

— Вам угрожают?

— Нет! — сказала она удивлённо. — Говорят, что я получила то, что должна была получить... Как вы думаете, Андрей, его могли убить из-за меня?

— Нет, конечно, Ирина Николаевна! Вы мне вот что скажите... Почему пятнадцать лет назад, когда вы поженились, вы жили у родителей мужа всего два месяца? Почему ушли жить в общежитие?

— ...Они считают себя высшим обществом. А я была очень простой... Дурочкой была. Когда я впервые поговорила с Лидией Петровной, мне показалось, что я преступница, потому что у меня такие... простые родители. Я даже стала **стесняться** своих родителей. Понимаете? А потом она нас выгнала из дома. Сначала обидно было. Но Серёжа сказал, что это очень хорошо, что выгнала. Мы стали сильнее. А тяжело было всего лет пять...

«Пять лет! — подумал он. — Пять лет! В общежитии на две стипендии!..»

А потом Ирина рассказала, как муж учился и работал ночами, как помогали деньгами её родители, как появились квартира, дача, отдых за границей.

Андрей слушал и думал, что всегда мечтал, чтобы у него была такая семья. Чтобы пятнадцать лет — как один день. Чтобы каждый отпуск — как медовый месяц[1]. Чтобы поругаться, а потом жарко мириться в **постели**. Чтобы прийти ночью с работы, поцеловать свою женщину и знать, что ты для неё самый важный, самый главный, самый нужный человек в мире. Что тебя ждут. Ждут любого и всегда. И чтобы была собака. «Может, мы похожи с Сергеем Мерцаловым, и поэтому это больше не работа?» — подумал он.

— Сейчас я вам покажу... — Ирина встала, пошла в гостиную и взяла несколько альбомов с фотографиями. — Это наши фотографии. Здесь есть наши детские фотографии. Его и мой. Есть и фотографии нашей **свадьбы**. На них мы такие глупые и такие молодые...

Ма́ленького Серге́я Мерца́лова в альбо́ме бы́ло о́чень ма́ло. На все́х фотогра́фиях он как бу́дто о чём-то о́чень серьёзно ду́мал. «Интере́сно, — поду́мал Андре́й, — над че́м э́то он тогда́ так серьёзно ду́мал?» Ещё была́ одна́ откры́тка с же́нщиной необыкнове́нной, неесте́ственной красоты́. Непоня́тно, что она́ тут де́лала. Пото́м начали́сь фо́то с весёлыми ли́цами студе́нтов, фо́то в лаборато́рии, с колле́гами-врача́ми...

Комментарий

[1] Медовый месяц — (идиом.) первый месяц после свадьбы.

(62) — Он... хоро́ший врач? — спроси́л Андре́й Ири́ну, не сказа́в «был».

— Да. О́чень хоро́ший. Замеча́тельный. Пра́вда, у него́ пока́ не́ было свое́й шко́лы. Но он со́здал бы её. Зараба́тывать на́до бы́ло. Вре́мени на нау́ку не́ было. Но в ми́ре его́ зна́ют и уважа́ют. Он... он си́льно увлека́лся...

— Чем? — спроси́л Андре́й осторо́жно.

— Но́выми тео́риями, иде́ями... Он... Он ге́ний!

— Почему́ брат ушёл из его́ институ́та?

— Ушёл?! — Ири́на с удивле́нием посмотре́ла на него́. — Серёжа вы́гнал его́! Вы не зна́ли? Э́то все зна́ют! Пе́тя — о́чень сло́жный челове́к. Они́, Мерца́ловы, все сло́жные. А Пе́тя — са́мый сло́жный... Учи́лся он пло́хо. Когда́ Серёжа взял его́ в свой институ́т, он реши́л, что мо́жно не рабо́тать. Он был уве́рен, что Серёжа даст ему́ ме́сто Го́льдина и Пе́тя бу́дет его́ за́мом. Глу́по! Го́льдин два́дцать лет в медици́не. Он замеча́тельный врач. Они́ вдвоём — си́ла!

— И он **уво́лил** бра́та?

— Да. Э́то бы́ло ужа́сно. Свекро́вь до сих по́р Серёже э́того не прости́ла. Они́ с на́ми год не разгова́ривали... А Серёжа пережива́л. О́чень!.. Семья́ — вот что гла́вное в его́ жи́зни! Он гото́в был умере́ть за них. За нас... Он всё де́лал то́лько для нас, для семьи́. Понима́ете? Он хоте́л, чтобы его́ семья́ была́ са́мой лу́чшей. Чтобы у нас и у роди́телей всё бы́ло.

— А что бы́ло пото́м? По́сле того́ как он уво́лил Пе́тю?

— Серге́й помо́г Пе́те с рабо́той. Он стал рабо́тать в Меди́цинском це́нтре Администра́ции Президе́нта. Серге́й — о́чень хоро́ший сын. Он да́же не обижа́лся на роди́телей. Не обижа́лся на то, что они́ нас вы́гнали из кварти́ры, что год из-за Пе́ти они́ не разгова́ривали с ним. Он потра́тил на них сто́лько де́нег!.. На э́ти де́ньги мо́жно бы́ло бы купи́ть небольшо́й дворе́ц в Евро́пе...

— Почему́ в Евро́пе? — удиви́лся Андре́й.

— Э́то у него́ шу́тка была́ така́я. Но им всё бы́ло ма́ло. Го́споди, он так хоте́л, чтобы они́ его́ люби́ли! А они́ им... по́льзовались, — она́ запла́кала. — Я его́ люби́ла за все́х. Е́сли бы он то́лько знал, как си́льно я его́ люблю́... Я ему́ ка́ждый день говори́ла, как я его́ люблю́. Он меня́ проси́л: «Расскажи́, как ты меня́ лю́бишь...» Я расска́зывала... В общежи́тии бы́ло хо́лодно. Мы лежа́ли под тремя́ одея́лами, и я расска́зывала ему́, как си́льно я его́ люблю́. Мне бы́ло всего́ два́дцать лет... Но уже́ тогда́ я понима́ла, како́й он одино́кий, стра́шно одино́кий ма́льчик. Он всё вре́мя иска́л им каки́е-то пода́рки, он приглаша́л их на все **банке́ты**, покупа́л им ме́бель...

— Кому́ «им»? Роди́телям?

— Да. И ничего́ не помога́ло.

— Вы... доверя́ли ему́? — спроси́л Андре́й.

— Что зна́чит «доверя́ла»? — не поняла́ она́.— Как челове́ку? Как врачу́?

— Как му́жу. Он был вам... ве́рен?

— Как он мог быть мне не ве́рен? — ка́жется, ей ста́ло да́же ве́село.

— Или... — она́ улыбну́лась. — Или вы узна́ли про... Э́лю. Да?

— Да, — сказа́л Андре́й и поду́мал: «Мо́жет, у неё всё-таки что́-то с головой? Врача́ вы́звать? Дать во́дки?»

— Э́ля — любо́вница Пе́ти. И всегда́ была́ Пе́тиной любо́вницей.

— Так... — сказа́л Андре́й. — Поня́тно.

(63) — Это Пе́тя попроси́л Серге́я взять её на рабо́ту. До́лго проси́л, — продолжа́ла Ири́на. — Пе́тя был в неё влюблён. А ей снача́ла нра́вился Серёжа. Это бы́ло о́чень смешно́. Она́ так хоте́ла ему́ понра́виться!.. Ей бы́ло девятна́дцать. Совсе́м де́вочка... Серёжа мно́гим нра́вился. Молодо́й. Бога́тый. Высо́кий. Хорошо́ оде́тый. Воспи́танный. А Пе́те э́та де́вочка сра́зу понра́вилась. С Кри́та они́ уе́хали вме́сте. В Москве́ начался́ серьёзный рома́н. Пото́м Э́ля ему́ надое́ла, и он её бро́сил. Она́ оста́лась одна́ с ребёнком. Она́ бы́стро поняла́, что Серёжа ей бу́дет помога́ть деньга́ми. Она́ с ребёнком то́же ста́ла для него́ ча́стью семьи́. А он... он чу́вствовал себя́ отве́тственным за всю семью́.

— Понима́ю...

— Серге́й счита́л, что е́сли получи́лся ребёнок, обяза́тельно ну́жно жени́ться. А Пе́тя и роди́тели бы́ли про́тив э́того. Они́ ссо́рились из-за э́того...

— А Э́ля?

— А ей э́то бы́ло о́чень удо́бно. Пе́тя никогда́ не дава́л бы ей сто́лько де́нег, ско́лько Серёжа. Он чу́вствовал себя́ винова́тым и де́нег дава́л мно́го...

— Вы не зна́ете, он был у неё в тот… день? — спроси́л Андре́й.

— Был, коне́чно, — сказа́ла Ири́на. — Он к ней пое́хал из министе́рства. И звони́л мне по моби́льному. Но я не отве́тила. У меня́ был клие́нт.

— А заче́м он к ней пое́хал?

— Де́ньги повёз. О́сень начала́сь. Ребёнку, наве́рное, бы́ли нужны́ тёплые ве́щи. Йли Э́ле…

— А вы не зна́ете, приезжа́л ли к ней в тот день Пётр?

— Не зна́ю. Нет, наве́рное. Серёжка ничего́ мне об э́том не говори́л.

Андре́ю ну́жно бы́ло всё э́то бы́стро прове́рить.

— Ири́на Никола́евна, вы здесь оста́нетесь йли в Москву́ вернётесь?

— Я бу́ду здесь до за́втра, до пя́тницы. В суббо́ту Серёжины **по́хороны**.

ВОПРОСЫ К ГЛАВЕ 14

(60) 1. К кому поехал Андрей после Петра Мерцалова? Как выглядела дача Мерцаловых?

2. Как Ирина встретила Андрея? Как она выглядела? Почему Андрею стало страшно?

3. Что Ирина никак не могла понять после смерти мужа?

4. Почему Андрей сказал, что верит в жизнь на том свете? Почему Ирине было важно знать, что жизнь на том свете есть?

5. Что Ирина называла хорошей жизнью?

6. О чём Ирине хотелось поговорить?

7. Почему Ирина уехала на дачу?

8. Зачем она пригласила Андрею к себе на дачу?

(61) 1. Что было записано на автоответчике?

2. Почему Ирина и Сергей жили в общежитии? Как Сергей отнёсся к тому, что родители выгнали его с женой из дома?

3. О чём мечтал Андрей?

4. Какие фотографии были в семейных альбомах Сергея и Ирины? На что Андрей обратил особое внимание?

(62) 1. Что Андрей узнал от Ирины о Петре?
2. Как Сергей относился к семье?
3. Почему Ирина Мерцалова считала, что её муж — «одинокий, страшно одинокий мальчик»? Как она спасала его?
4. Что Андрей узнал от Ирины об Эле?

(63) 1. Почему Сергей взял Элю на работу?
2. Как и почему закончился роман Петра и Эли?
3. Почему Сергей помогал Эле? Из-за чего он ссорился с Петром и с родителями?
4. Зачем Сергей заезжал к Эле 1 сентября? Как к этому относилась Ирина?
5. Как долго Ирина собиралась быть на даче?
6. Что и как Андрею надо было обязательно проверить?

Глава 15
04.09.1997. Четвéрг. Вéчер

(64) День идёт к вéчеру. Хóлодно. Дождь. Óчень хóчется спать. В аптéке нарóда мáло. Телефóн! Клáвдия быстро взялá трýбку и понялá, что звонит подрýга. Тáню было плóхо слышно. Подрýга кричáла:

— Клá-а-ава!!! Я в командирóвке. Вернýсь зáвтра. Ты меня слышишь?!

— Слы-ы-ышу! — тóже крикнула Клáва. — При-ез-жáй скорé-е!!!

«Андрéй не звонит. Забыл. Йли зáнят, — дýмала Клáвдия. — Тóчно забыл. Самá емý позвоню. Вéчером. Пóсле девяти. Интерéсно, Дима был сегóдня или нет? Диму я так и не увидела. А тогó, кто следит, срáзу увидела...»

В аптéку зашлá Натáлья Ивáновна. Онá былá без своéй подрýги.

— Устáли, Клáвочка? — дóбрым гóлосом спросила старýшка. — Веснóй и óсенью нáдо обязáтельно принимáть витамины. Врачи по телевизору говоря́т.

Клáвдия не хотéла улыбáться, но улыбнýлась. Ей не хотéлось объясня́ть этой старýшке, что дéнег на витамины у неё нет.

— Бýдете чтó-нибудь брать, Натáлья Ивáновна? — спросила онá.

— Как обычно, Клáвочка, — отвéтила старýшка нéсколько бóлее хóлодно, когдá понялá, что дéвушка не óчень хóчет с ней разговáривать.

Клáвдия быстро принеслá старýшке лекáрства для сéрдца, котóрые та обычно покупáла. У старýшки был хорóший цвет лицá, красивые рýки, **причёска**. Красивый шáрфик закрывáл шéю. Éсли бы был кóнкурс красоты срéди старýшек, то онá тóчно получила бы пéрвое мéсто.

— Мóжет быть, кýпите ещё какóй-нибудь крем? — спросила Клáвдия.

— Крем? Зачём он мне? У меня́ ужé всё в прóшлом!

— Вы шýтите, Натáлья Ивáновна. Вы óчень красивая. Купите крем.

Они́ óбе засмея́лись. В концé концóв старýшка взяла́ крем для ног.

— До свидáния, Клáвочка! — сказáла онá и добáвила: — Увидимся в суббóту. Мóжет, с Ашхéн придý. Мы с ней поругáлись. Три дня не разговáриваем.

— Из-за чегó? — спроси́ла Клáвдия с улы́бкой.

— Из-за поли́тики, — сказáла старýшка и пошла́ к вы́ходу.

Дверь аптéки откры́лась, и в дверя́х появи́лся крýпный мужчи́на, котóрый чуть не сбил Натáлью Ивáновну. Мужчи́на останови́лся, помóг ей, улыбнýлся и сказáл:

— Пардóн, мадáм[1]!

Э́то был Андрéй.

Комментарий

[1] Пардон, мадам — (фр.) Pardon, madame — шутливое извинение за что-то перед женщиной.

(65) Клáвдия срáзу замéтила Андрéя. Он подошёл к ней и вéсело сказáл:

— Дáйте мне чтó-нибудь от нóса, гóрла, живота́, спины́, нéрвов...

Онá стóяла вся крáсная и смотрéла на негó с испýгом и рáдостью.

— Запóмнила? — спроси́л он. — Йли повтори́ть?

— Что? — не поняла́ онá.

— Дай мне чтó-нибудь. Я твой покупáтель, — емý почемý-то бы́ло прия́тно, что онá испугáлась, а её лицó покраснéло. Вот дýрочка... — Возьми́ какóе-нибудь лекáрство и читáй, что на нём напи́сано. Понимáешь?

Онá сдéлала так, как он сказáл. Прочитáла пáру слов, потóм спроси́ла:

139

— Зачем мы это делаем, Андрей? В аптеке никого нет...

— На улице есть. Он не должен знать про нашу дружбу. Понимаешь?

— Что? — опять спросила она.

Никогда он не видел её такой. Покраснела... Что делать — не знает...

«Это из-за меня, что ли?! Меня бойтся, что ли?!» — думал он. Он почувствовал, что начинает сердиться.

— Клава, посмотри на меня. Я заехал спросить, как у тебя дела. А ещё я хотел посмотреть на того, кто за тобой следит.

— Посмотрел?

— Посмотрел. Мне поговорить с тобой надо. Я тебе вечером позвоню, и договоримся встретиться. Ты сможешь убежать от того, кто за тобой следит?

— Убежать?..

— Да, убежать. Ты же умная. Да? Я знаю, у тебя получится. Да?

— Да!.. — согласилась она. — Как хорошо, что ты приехал, Андрей! Я целый день ждала, что ты позвонишь...

— Целый день? Почему? — не понял он.

— Потому что ты обещал позвонить!

— Ты ждала моего звонка?

— Ждала.

Она снова быстро посмотрела на него и ещё больше покраснела.

— Ладно, — сказал он тихо. — Ладно. Мы об этом ещё с тобой поговорим, Клава. Хорошо? Я не смогу вечером за тобой приехать. Завтра точно смогу, а сегодня у меня никак не получается. Я пробовал. Ну не получается!.. Будь внимательна... Вечером я позвоню...

— Только обязательно позвони, — попросила она серьёзно.

— Да, — сказал он тоже очень серьёзно. — Да. Как только приду домой. А ты... ты давай будь осторожна. До вечера!

Затем он быстро пошёл к выходу.

Он ехал на работу и вспоминал, *как* она смотрела на него в аптеке. В последний раз на него так смотрела одна девочка в де́тском саду́. Она́ была́ хоро́шенькой, и у них была́ любо́вь. Ка́жется, по́сле э́той де́вочки на него́ никто́ *так* не смотре́л. Зате́м он сказа́л себе́: «Хва́тит ду́мать о Кла́ве и о де́вочке из де́тского са́да. На́до поду́мать о дела́х».

(66) Андре́й сиде́л в кабине́те и ду́мал о дела́х. Ду́мал уже́ дово́льно до́лго.

Прие́хал Йгорь. Он вошёл в кабине́т и спроси́л:

— Ну что́, Андре́й? Что ду́маешь о Мерца́лове?

— Э́лю люби́л не Серге́й, а Пётр. Пётр попроси́л бра́та взять её на рабо́ту.

— Ири́на рассказа́ла? А она́ не врёт? Мо́жет, хо́чет сде́лать му́жа лу́чше, чем он был? — спроси́л Йгорь.

— Нет, Йгорь. Е́сли всё э́то пра́вда, то тогда́ всё получа́ется.

— Что «всё»?

— Звонки́ друг дру́гу, о́тпуск вме́сте... Без жены́ и дете́й он жить не мог. А вот с ма́терью у него́ отноше́ния плохи́е. Во-пе́рвых, потому́ что он всё де́лал не так, как хоте́ла она́. Во-вторы́х, мать Петра́ бо́льше жи́зни лю́бит.

— Ду́маешь, э́то сде́лал брат?

— Да. Серге́й постоя́нно говори́л ему́, что́бы он жени́лся на Э́ле. Элеоно́ра с ребёнком Петра́ жи́ли на де́ньги Серге́я.

— Заче́м?

— Ири́на мне сказа́ла, он счита́л, что до́лжен помога́ть всем в семье́.

— А заче́м э́той Э́ле врать, что у неё ребёнок от Серге́я? Заче́м? Ну ла́дно, в институ́те лю́бят поговори́ть о нача́льниках, об их деньга́х, се́мьях и любо́вницах. Почему́ он не сде́лал так, что́бы лю́ди в институ́те по́няли, что Э́ля — не его́ любо́вница, а её ребёнок — не его́ ребёнок?

— А что мо́жно сде́лать? При вхо́де написа́ть: «Дороги́е колле́ги! Я не сплю с любо́вницей бра́та!»? Да?

— А я бы что́-нибудь сде́лал...— сказа́л Йгорь.

— Ты когда́-нибудь руководи́л институ́том? У тебя́ бы́ло мно́го де́нег? Таки́е мужики́ всем интере́сны. Все хотя́т горя́-

чих новостей. А тут... В отпуск — с женой. На банкет — с родителями. На Новый год — с детьми. Много денег не ворует. Зарплату платит. Ну не может он быть таким хорошим! Надо что-то найти! Когда нашли, всем легче стало! И всегда есть о чём поговорить!

Андрей говорил с Игорем, но думал о Мерцаловых: «Думай, Андрей. Ты смотрел фотографии на даче... На фотографиях худенький черненький мальчик. Очень серьёзный мальчик. Что-то там было, на этих фотографиях... Что-то ты не заметил... И это что-то очень беспокоит. Вспоминай!»

— Не знаю я, почему эта Эля врала тебе, — сказал Андрей вслух.

— Мы у неё спросим, — сказал Игорь. — Спросим, майор, да?

— Я думаю, что Пётр в тот вечер тоже был у Эли. Надо проверить, не стояла ли его машина часов с трёх и до пяти где-то рядом с её домом.

— Проверим... Значит, всё-таки брат...

— ...А я украл из автоответчиков кассеты. У родителей и у брата. Очень мне хочется понять, почему Мерцалов-старший про телефон наврал. Зачем?!

142

— Ну... майóр, — сказáл Ѝгорь вéсело. — Ты — укрáл?.. Укрáл? Прáвда?

Зазвонѝл телефóн. Андрéй услы́шал в трýбке гóлос Óльги. Онá сообщѝла, что к Мерцáлову приходѝл Евгéний Васѝльевич Бóйко. Ещё онá сказáла, что зáвтра с Дѝмой онѝ собирáются съéздить на квартѝру Василькóва, котóрый ýмер от останóвки сéрдца и котóрый был глáвным клиéнтом Евгéния Бóйко.

Пóсле разговóра с Óлей Андрéй спросѝл Ѝгоря:

— Ты в Калинингрáд звонѝл?

— Звонѝл. Из страны́ Бóйко не выезжáл.

— Я дýмаю, емý сообщáт о смéрти Василькóва, и он бы́стренько в Москвý вернётся. Огрóмные дéньги теря́ть он не захóчет. Как дýмаешь?

— Дýмаю, вернётся. Слýшай, пойдём домóй. Ночь ужé на ýлице.

(67) Андрéй откры́л дверь своéй квартѝры и грóмко сказáл:

— Я дóма!

Он всегдá так говорѝл, когдá возвращáлся с рабóты. Без негó квартѝра становѝлась холóдной, нежилóй. Хотéлось войтѝ и вездé включѝть свет. Éсли бы у негó былá собáка...

Он прошёл в кýхню, остановѝлся, подýмал, взял телефóн и позвонѝл Клáвдии. Никтó не отвéтил. Он посмотрéл на часы́. Дéвять. Взял телефóнную кнѝжку, провéрил нóмер. Снóва позвонѝл. Опя́ть никтó не отвéтил.

Чёрт! Где же онá?! У Тáни? Он позвонѝл сестрé. Трýбку взял Тáнин муж и сказáл, что егó женá в командирóвке.

Андрéй достáл из холодѝльника мя́со. Есть хотéлось ужáсно. По дорóге домóй он мечтáл, как бýдет сначáла вкýсно жáрить э́то мя́со, потóм вкýсно съест егó, затéм ля́жет на дивáн и обо всём хорошó подýмает.

Он нáчал жáрить мя́со и снóва позвонѝл Клáвдии. Никтó не отвечáл. Тóлько он положѝл мя́со на тарéлку, как зазвонѝл телефóн.

— Да! — крѝкнул он, бы́стро взяв трýбку.

143

— Андре́й, — траги́чно сказа́ла ему́ бы́вшая жена́, — ви́дишь, как всё получи́лось? Я же звони́ла тебе́... Проси́ла... А ты? Дава́й встре́тимся, Андре́й. Я счита́ю, что тебя́ на́до серьёзно лечи́ть.

От не́нависти к бы́вшей в глаза́х ста́ло темно́. Он с трудо́м останови́л себя́, что́бы не нача́ть бить ча́шки и таре́лки.

— Жа́нна, я прошу́ тебя́... о́чень прошу́: не звони́ мне бо́льше. И́ли...

— Андрю́ша! Ты ду́маешь, что я тебя́ не понима́ю? Я понима́ю тебя́ лу́чше всех! Я же врач! Я прекра́сно зна́ю, что ты сейча́с чу́вствуешь...

И она́ начала́ нести́ каку́ю-то глу́пость.

Почему́ он когда́-то реши́л, что э́та же́нщина мо́жет быть его́ жено́й?! Почему́ он жил с ней, спал с ней, вози́л её к роди́телям, слу́шал все э́ти глу́пости?

Ему́ должна́ звони́ть Кла́ва Ковалёва. Мо́жет, она́ уже́ до́ма.

Майо́р Ларио́нов ка́к-то сра́зу успоко́ился и сказа́л ледяны́м го́лосом:

— Вот что, дорога́я моя́ бы́вшая жена́ Жа́нна. Как мы сейча́с по́няли, я социа́льно опа́сен, и ещё я плохо́й профессиона́л и мент. Но я ещё пока́ майо́р и рабо́таю в мили́ции. Е́сли ты ещё раз позвони́шь мне... про́сто позвони́шь мне, я организу́ю ва́шей психотерапевти́ческой фи́рме о́чень весёлую жизнь! К вам приду́т пожа́рники, санита́рные врачи́, нало́говые инспе́кторы... Я организу́ю для твоего́ люби́мого ше́фа таку́ю развесёлую жизнь, кака́я в са́мом стра́шном сне не присни́тся! Я тебе́ э́то говорю́ серьёзно. Э́то поня́тно?

— Да, — отве́тила она́ норма́льным челове́ческим го́лосом. — Поня́тно.

— Зна́чит, договори́лись. Проща́й, дорога́я.

Через секу́нду он перезвони́л Кла́ве. Тру́бку никто́ не взял.

Мо́жет, она́ пошла́ в кино́ и́ли в теа́тр? Мо́жет, оста́лась на рабо́те?..

Мя́со лежа́ло на таре́лке, но есть его́ он уже́ не хоте́л.

Мо́жет, она́ где́-то лежи́т на земле́, как Серге́й Мерца́лов?

(68) День сего́дня у Кла́вдии получи́лся тру́дный. Ра́но у́тром она́ пое́хала в банк и простоя́ла дли́нную о́чередь, что́бы отда́ть докуме́нты. Пото́м она́ пое́хала на рабо́ту. Покупа́телей в апте́ке бы́ло сто́лько, что она́ не могла́ присе́сть да́же на мину́тку. В пять часо́в заве́дующую вы́звали к нача́льству. Варва́ра Алексе́евна подошла́ к Кла́вдии, дала́ ключи́ от апте́ки и попроси́ла ве́чером всё прове́рить и всё закры́ть. В оди́ннадцать ве́чера Кла́ва проводи́ла после́дних покупа́телей, всё прове́рила, оде́лась, вы́шла и закры́ла апте́ку. До метро́ пришло́сь бежа́ть, а то она́ бы не успе́ла на после́дний по́езд.

В ваго́не метро́ бы́ло тепло́ и хорошо́. Кла́вдия се́ла и ...усну́ла. Когда́ услы́шала назва́ние свое́й ста́нции, она́ откры́ла глаза́, вста́ла и вы́бежала из ваго́на. Две́ри закры́лись, по́езд пошёл. Вот тогда́ то́лько она́ и поняла́, что её ста́нция не э́та, а сле́дующая...

Чёрт! Что де́лать? На́до успе́ть на после́дний авто́бус! Как же она́ уста́ла сего́дня... Как хо́чется домо́й... Татья́на в командиро́вке. Поговори́ть не с кем... Андре́й обеща́л позвони́ть... Вдруг он позвони́т, а её не бу́дет до́ма?

Кла́вдия улыбну́лась, она́ вспо́мнила, как Андре́й вошёл в апте́ку, как налете́л на стару́шку, а пото́м подошёл к ней. Он прие́хал к ней! Мужски́е ру́ки, се́рые внима́тельные глаза́, коро́ткие во́лосы... Высо́кий, большо́й, си́льный...

Андре́й сказа́л, что сего́дня не смо́жет её проводи́ть, но за́втра смо́жет. Сказа́л, что позвони́т ей ве́чером. А сейча́с уже́ не ве́чер, сейча́с почти́ ночь.

Пусть следя́т! То́лько бы Андре́й продолжа́л занима́ться её дела́ми...

Кла́вдия вы́шла из метро́. После́дний авто́бус, иду́щий до её до́ма, отходи́л от остано́вки. Она́ кри́кнула: «Стой! Стой!» и побежа́ла за авто́бусом. Она́ бежа́ла за ни́м, а он уезжа́л всё да́льше и да́льше в темноту́... Кла́вдия останови́лась и посмотре́ла по сторона́м. Темно́. Хо́лодно. И никого́...

«Будь сего́дня осторо́жнее», — сказа́л ей в апте́ке Андре́й.

Она́ сно́ва бы́стро посмотре́ла по сторона́м. Ка́жется, никого́. Наве́рное, тот, кто следи́т за не́й, ждёт её у до́ма. Ждёт и ду́мает: «Где же она́?» Он то́же хо́чет домо́й. Его́, наве́рное, ждут до́ма... Когда́ она́ так ду́мала, ей станови́лось уже́ не так стра́шно. Она́ реши́ла верну́ться к метро́. (У метро́ ведь её убива́ть не бу́дут.)

Ещё Кла́вдия ду́мала о том, что на́до купи́ть но́вую ку́ртку. Её ста́рая мо́края ку́ртка тяжело́ висе́ла на плеча́х и не дава́ла тепла́. В ней бы́ло о́чень хо́лодно.

Что де́лать? В метро́ сейча́с уже́ и две́ри закро́ют... Она́ реши́ла верну́ться на остано́вку авто́буса, потому́ что там был фона́рь.

«Го́споди, — ду́мала она́, — почему́ так стра́шно?! Я же мно́го раз в э́то вре́мя возвраща́лась с рабо́ты, но никогда́ так стра́шно не́ было. На́до успоко́иться. Но как? Я же не про́сто несча́стная де́вушка, кото́рой хо́лодно на остано́вке. Я кому́-то нужна́. Кто́-то следи́т за мно́й. Мо́жет, и сейча́с следи́т...»

(69) Челове́к, кото́рому бы́ло дано́ ва́жное зада́ние, смотре́л на Кла́вдию из темноты́. Ме́жду ним и де́вушкой не́сколько ме́тров. Он уви́дел, что она́ не успе́ла на авто́бус, он реши́л всё сде́лать здесь и сейча́с, а не пото́м у её до́ма. Ме́сто здесь отли́чное. Люде́й нет. Лу́чшего ме́ста не найти́. Решено́: здесь и сейча́с!

Кла́вдия останови́лась пе́ред большо́й гря́зной **лу́жей**. Темно́, грани́ц лу́жи не ви́дно. Лу́жа, наве́рное, ещё и глубо́кая. Как же её обойти́-то? Что́ э́то за спино́й?.. Показа́лось и́ли...? Уда́р! Кла́вдия полете́ла голово́й вперёд. Ещё уда́р! (Уже́ по нога́м.) И она́ упа́ла лицо́м в э́ту чёрную гря́зную лу́жу...

...Кла́вдия с трудо́м подняла́сь из гря́зной глубо́кой лу́жи и се́ла на мо́крую доро́гу. Голова́ **кружи́лась**. Ей бы́ло пло́хо. Всё те́ло ужа́сно боле́ло. Де́вушка посмотре́ла по сторона́м. Никого́...

«Что случи́лось? Кто э́то был?», — поду́мала Кла́ва и посмотре́ла на но́ги. Джи́нсы **по́рваны**. На нога́х кровь...

Как же доехать до дома? Господи, как же страшно болит голова!..

И нож не помог... Вот, дура! А ведь была уверена, что защитится...

Откуда появился этот человек? Она ничего не видела и не слышала. Она даже ничего не почувствовала. Её детдомовская интуиция сказала, что опасно, когда было уже слишком поздно. Поздно... Что ему было нужно? Сумка. У неё опять украли сумку. Второй раз за два дня. Где ключи и кошелёк?! В куртке! Она ещё вчера их положила туда. Что в сумке? Очки, ручки, записная книжка и... паспорт! Паспорт — не проблема. В милиции получит новый. Господи, о чём она думает?! Нужно как-то дойти до дома ...

Клавдия с трудом встала и дошла до фонаря. Стало немного легче. «Домой нельзя, — сказала её интуиция. — Происходит что-то непонятное. Неизвестно, что или кто может ждать тебя дома. За тобой, наверное, и сейчас кто-то следит из темноты. Он контролирует тебя. Ты и не заметишь, когда он прыгнет и убьёт тебя. Идти тебе некуда... Ноги тебя не держат. Джинсы порваны. Куртка мокрая. Голова кружится и болит. А тот, кто следит за тобой из темноты, пойдёт туда, куда и ты... Думай, что делать».

Андрей сказал: «Договоримся встретиться. Ты сможешь убежать от того, кто за тобой следит?»

Клавдия подышала широко открытым ртом.

Она сильная. Она — не папочкина и мамочкина дочка. Она — девчонка из детдома! Её просто так не победить! Он ждёт, что она пойдёт домой? Пусть ждёт. Что делает человек, у которого только что украли сумку? Он идёт в милицию. Она сейчас пойдёт в милицию. Милиция рядом с метро. Посмотрим, кто кого!..

ВОПРОСЫ К ГЛАВЕ 15

(64) 1. Как Клавдия объясняла себе, почему Андрей ей не звонит? О чём ещё она думала?

2. Кто из знакомых покупательниц зашёл в аптеку? Почему она была без подруги?

3. Почему Клавдия не очень хотела разговаривать с этой клиенткой?

4. Кто вошёл в аптеку, когда покупательница выходила из неё?

(65) 1. Как Клавдия встретила Андрея? Какие изменения он в ней увидел? Как он отнёсся к этим изменениям?

2. О чём Андрей предупредил Клаву? Когда он обещал ей позвонить?

3. О чём вспоминал Андрей, когда ехал на работу?

(66) 1. Что Андрей рассказал Игорю Полевому после встречи с Ириной Мерцаловой? Как к этому отнёсся Игорь?

2. Почему, по мнению Андрея, у Сергея были плохие отношения с матерью?

3. Кто, по мнению Андрея, убил Сергея?

4. О чём думал Андрей, разговаривая с Игорем?

5. Как Андрей хотел проверить, где был Пётр Мерцалов в ночь с 1 на 2 сентября?

6. Чем Андрей сильно удивил Игоря?

7. Что Ольга сообщила следователям?

8. Почему Бойко должен быстро вернуться в Москву?

(67) 1. Что делал Андрей, когда приходил с работы домой? О чём он сожалел?

2. О чём мечтал Андрей по дороге домой?

3. Кому позвонил Андрей, когда вернулся домой?

4. Кто позвонил Андрею? Чем закончился этот телефонный разговор?

5. Что думал Андрей о Клавдии?

(68) 1. Почему этот день для Клавдии был очень трудным? Когда она поехала домой? 2. Почему Клавдия вышла не на своей станции? Почему она вышла из метро? Куда она пошла? Почему она осталась одна на улице? 3. Какие слова Андрея всё время вспоминала Клавдия? 4. Почему ей впервые вдруг стало так страшно?

(69) 1. Кто следил за Клавдией? 2. Почему этот человек решил действовать на тёмной улице, а не у дома Клавдии? 3. Что случилось с Клавдией? 4. Что сказала Клавдии её интуиция? Как дальше решила действовать Клавдия?

Глава́ 16
С 4 на 5.09.1997.
Ночь с четверга́ на пя́тницу

(70) Андре́й посмотре́л на часы́. Почти́ ночь. Ну́жно е́хать к ней. Е́сли её нет до́ма, придётся ждать и́ли иска́ть. Хотя́... где иска́ть-то? Неуже́ли с ней что́-то случи́лось? Тогда́ он не смо́жет жить... Жить не смо́жет...

В дверь позвони́ли. «Сосе́дка», — поду́мал Андре́й и пошёл открыва́ть. Он откры́л дверь и уви́дел Кла́вдию. Кла́вдия бы́стро начала́ говори́ть:

— Андре́й, приве́т. Прости́, пожа́луйста... Я по́здно, но у меня́ опя́ть...

Она́ не договори́ла, как ма́ленькая, **обняла́** его́ за ше́ю и запла́кала.

Пла́кала она́ до́лго. Андре́й обнима́л её и ни о чём не спра́шивал.

— Прости́ меня́, пожа́луйста, — говори́ла она́. — Та́ни нет. Домо́й стра́шно... Я... я не зна́ю, что́ со мно́й... Я сейча́с... сейча́с успоко́юсь и всё... всё тебе́ расскажу́... Ты извини́ меня́, пожа́луйста... Извини́...

Она́ пла́кала и не могла́ подня́ть на него́ глаза́. Ей бы́ло сты́дно, что она́ така́я мо́края, така́я гря́зная и така́я стра́шная пришла́ к нему́ но́чью.

— Ты зна́ешь, — наконе́ц сказа́ла она́, — у меня́ опя́ть укра́ли су́мку. Ви́дишь, я да́же упа́ла... Та́ни нет. Я посижу́ у тебя́ немно́го и пое́ду...

— Кла́ва, ты как? В поря́дке?

— Да. В поря́дке. Спаси́бо. Я упа́ла...

— Я заме́тил. Дава́й снима́ть ку́ртку.

Он помо́г ей снять мо́крую и гря́зную ку́ртку. Пото́м присе́л и стал снима́ть с неё снача́ла боти́нки, а пото́м носки́. Зате́м отвёл её в ку́хню и сказа́л:

— Мину́тку посиди́, пожа́луйста.

Кла́ва се́ла и закры́ла глаза́. Како́е удиви́тельное чу́вство, когда́ о тебе́ кто́-то забо́тится... Ря́дом с ним не стра́шно. Тепло́... И совсе́м не стра́шно...

— Ва́нна гото́ва, — сказа́л он совсе́м ря́дом.

— Спаси́бо... Ты мо́жешь... Извини́... Про́сто я...

— Замолчи́, — попроси́л он. — Замолчи́ сейча́с же!

— Ты се́рдишься? — спроси́ла она́.

— Да. Я сержу́сь. Но к тебе́ э́то не име́ет отноше́ния.

— Я зна́ю. Ты никогда́ не име́ешь ко мне́ никако́го отноше́ния. Не име́ешь, не име́л и име́ть никогда́ не бу́дешь.

— Так э́то ты поэ́тому така́я чудна́я? Из-за меня́?

— Да. Из-за тебя́.

Он чуть улыбну́лся. Она́ нашла́сь, она́ жива́, и всё тепе́рь бу́дет в поря́дке. Го́споди, спаси́бо тебе́ огро́мное!

(71) Кла́вдия ушла́ в ва́нную, а Андре́й пошёл на ку́хню жа́рить мя́со и де́лать сала́т. Он гото́вил еду́, представля́л её в ва́нне и улыба́лся. Представля́л как мальчи́шка, а улыба́лся как идио́т. Так... Всё! Хва́тит! Что бу́дем де́лать?

...Пе́рвое. Она́ бу́дет жить у него́. Пока́ он не поймёт, что происхо́дит, она́ бу́дет жить здесь. Он бу́дет за не́й присма́тривать. А она... по вечерам... будет садиться рядом с ним на диван (близко-близко) и рассказывать свои новости. Мешать ему она не будет. Ему будет... спокойно и хорошо.

Второе. Надо понять, что же всё-таки происходит. И ещё... Ещё надо перестать представлять её в ванной. Надо, но как-то не получается...

Прошло минут сорок. Он подошёл к двери и приказал:

— Клава, выходи! Я чайник уже три раза ставил на огонь. На стуле мой джинсы и рубашка. Чистые. Надень... и выходи скорее.

«Давно у меня не было такого прекрасного настроения. Интересно, она сейчас придумала, что влюблена в меня? Или нет? А как же я-то этого не замечал?.. А ещё профессионал, мент... Она как-то сказала: "Андрей, ты такой фантастический слон!" Точно. Слон!» — улыбнулся Андрей.

— А вот и я! — неестественно радостно сказала она.

Он ничего не ответил, потому что боялся, что скажет что-нибудь не то или не так. Для него всё изменилось после того, что она сказала.

Он положил на тарелку огромный кусок мяса и салат и сказал:

— Ешь!

— А ты?

— И я. Эх! Водки нет. Выпили бы.

— Ты что, много водки пьёшь?

— Конечно. Как все мужики, — улыбнулся он.

Клавдии показалось, что такого вкусного мяса она никогда не ела. Ей так захотелось есть, что голова снова закружилась. Она стала есть мясо, как голодная уличная кошка. Она ела, а он с грустью смотрел на неё. Потом он встал, положил ей ещё кусок и спросил:

— Чего тебе: чаю или кофе?

— Кофе. Спасибо, Андрей. Мне так неудобно, что я...

— Перестань постоянно извиняться, а то я тебя выгоню под дождь.

Он налил кофе и приказал:

— Рассказывай!

Она начала рассказывать, как на остановку раньше вышла из метро, как ушёл её автобус, как она упала, как поняла, что у неё опять украли сумку...

— Я пошла к метро, — говорила она. — Там милиция. Милиционерам сказала, что у меня сумку украли. Ещё я сказала, что **протокол** писать не надо. Они сразу обрадовались!

— Конечно, обрадовались! Нет протокола — нет проблемы!

— Я попросила милиционеров отвезти меня домой. Им стало меня жалко. Мы вышли с другого входа, сели в милицейскую машину. Я назвала твой адрес... Перед тем как войти в твой дом, я посмотрела — никто не следит...

— Да-а-а... Из тебя отличный следователь получится. Я возьму тебя к себе на работу, — Андрей сёл поудобнее и закрыл глаза. Во-первых, ему всегда так хорошо думалось. Во-вторых, ему очень хотелось её поцеловать. Хотелось уже давно. Он лучше себя контролировал, когда её не видел.

Клавдия сидела очень тихо, боялась ему помешать. Уже очень поздно. Ей давно пора уходить. А уходить не хочется. С ним так спокойно и хорошо...

(72) Андрей открыл глаза, посмотрел на Клавдию и спросил:

— Скажи мне, Клава, что было в твоей жизни в последние... ну, месяца три? Где ты была, что делала? В отпуск ездила?

Она ответила, что всё как всегда, что летом она была в Москве.

— А на работе? — поинтересовался он.

— И на работе всё по-старому. Годами ничего не меняется. Жизнь такая: дом — работа... работа — дом...

— В каком детдоме ты была?

Она ответила.

— У тебя родные есть? Может быть, дальние?

— Нет.

— Ты искала?

— Пробовала... давно. Об отце́ ничего́ неизве́стно. Мать, ка́жется, умерла́. Я же да́же свое́й настоя́щей фами́лии не зна́ю...

— Я понима́ю, — сказа́л он, хотя́ ничего́ не понима́л. Он вы́рос в большо́й дру́жной семье́: де́душки, ба́бушки, тёти, дя́ди, их де́ти. Все е́здили друг к дру́гу не то́лько на по́хороны, но и на все семе́йные пра́здники. Ещё все чле́ны семьи́ (и ве́рующие, и неве́рующие) обяза́тельно собира́лись на Па́сху[1], шли в це́рковь и стоя́ли там всю слу́жбу. Андре́й как роди́лся, так и стал ча́стью чего́-то большо́го, ва́жного и це́лого. Поня́ть жизнь без семьи́ он не мог.

Кла́вдия о своём рожде́нии ничего́ не зна́ла и всю жизнь была́ одна́.

Он вдруг по́нял э́то, хотя́ никогда́ ра́ньше об э́том не ду́мал.

Андре́ю в э́ту ночь обяза́тельно на́до бы́ло послу́шать кассе́ты из автоотве́тчиков Мерца́ловых и ту, кото́рую ему́ дала́ Ири́на. Он до́лжен был найти́ ве́рсию, в кото́рую бы сам пове́рил. Он до́лжен был поня́ть, что происхо́дит вокру́г Кла́вдии и как э́то мо́жет быть свя́зано с Серге́ем Мерца́ловым. И ещё... Его́ си́льно беспоко́ило что́-то в тех фотогра́фиях, кото́рые он ви́дел у Ири́ны. На́до бы́ло поня́ть что.

— Я, наве́рное, пое́ду, — сказа́ла Кла́вдия. Спаси́бо тебе́, Андре́й. Е́сли бы не ты, я не зна́ю, что со мно́й бы́ло бы...

— Зна́чит так. Сейча́с я пригото́влю для тебя́ посте́ль. Ты в неё ля́жешь и бу́дешь спать. Поня́тно?

— Подожди́, Андре́й. Мне за́втра на рабо́ту. Как я отсю́да туда́ пое́ду?

— На метро́. Йли, е́сли о́чень попро́сишь, я отвезу́ тебя́ на маши́не.

— Но у меня́... нет оде́жды...

— Наде́нешь мою́. Не ду́май, **пристава́ть** к тебе́ не бу́ду...

Он подошёл к окну́, посмотре́л в него́ и на́чал говори́ть каки́е-то глу́пости. Останови́лся тогда́, когда́ почу́вствовал, что она́ подошла́ к нему́ и обняла́. В одну́ секу́нду он сра́зу забы́л обо всём: о рабо́те, о ве́рсиях, о том, что Кла́вдия Ковалёва — почти́ сестра́, о том, что не до́лжен с ней так целова́ться.

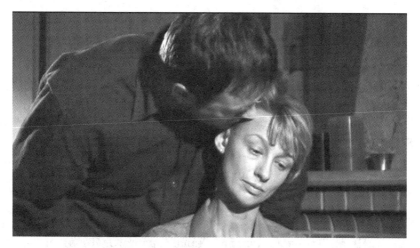

Он целовал её, и это было так замечательно! И было трудно представить, что можно целоваться ещё лучше.

Комментарий

[1] Пасха — самый большой весенний христианский праздник.

(73) Клавдия лежала рядом с Андреем и смотрела ему в лицо. Глаза её сияли от радости. Андрею было очень хорошо. Жизнь снова была прекрасной!

Вдруг она **хихикнула**.

— Ты чего? — сказал он, хотя говорить не хотелось (и так было здорово).

— У тебя такое глупое лицо!

— Я не могу его сделать умным. Нужны силы. А их у меня сейчас нет, — сказал он и обнял её. Она покраснела. Он это понял, хотя лежал с закрытыми глазами. Ему понравилось, что она покраснела.

— Почему ты никогда мне не говорила, что я тебе... нравлюсь?

Его вопрос был как из кино про старшеклассников семидесятых годов[1].

155

— Ты бы подумал, что я дурочка. Ведь ты даже не смотрел на меня. Если бы я начала объясняться тебе в любви, ты бы стал смеяться...

«Может, она и правда меня любит? Нет, я не буду смеяться».

— Я только Тане сказала. Ну, что я... что я... Что я влюблена в тебя. Давно... Всю жизнь...

Значит, сестра знала, что Клава влюблена в него, и молчала? Кто ещё знал? Мама? Папа? Муж Тани? Все, кроме него? Да-а-а... Интересно!

— Ты не думай, — попросила Клавдия. — Я от тебя ничего требовать не буду. Понимаю... Ты не пугайся...

— А я и не пугаюсь, — сказал он и засмеялся. — Тебе не холодно?

— Не-ет. Ты очень тёплый. Даже горячий... Я думала, что этого никогда не будет. Но я мечтала о тебе, Андрюша. Как же я о тебе мечтала...

— Мечтала?.. Поспи... — Он поцеловал её. Потом ещё и ещё... — Спи!

Успокоенная, она уснула. Спала недолго. Около часа. Проснувшись, долго лежала с закрытыми глазами. Она вспоминала свой сон. Сон был прекрасный. Про Андрея. Может, ей ещё поспать, и она увидит продолжение сна?

Клавдия закрыла голову одеялом и почувствовала запах Андрея. Она быстро открыла глаза. Одеяло не её. И комната не её. Она села. Она вдруг поняла: «Я в комнате у Андрея, на его диване и под его одеялом. Спала с ним! Господи, что я наделала?! Как всё это получилось? Зачем? Он уже сегодня всё забудет. А как мне дальше жить? Как?» Она закрыла глаза и чуть не заплакала.

— Я тебя **разбудил**? — услышала она его тихий голос и открыла глаза. Он у дверей комнаты... Улыбнулся, идёт к ней... садится на диван...

Всё это как в сказке. Всё даже лучше, чем в сказке!

— Я встал, потому что мне ещё нужно поработать. Если я усну рядом с тобой — всё. Прощай, работа! Мне нужно, понимаешь?

— Понима́ю…

Он на́чал её целова́ть… Как хорошо́! То́лько бы не запла́кать от сча́стья… Он посмотре́л ей в глаза́ и сказа́л:

— Всё! Лежа́ть! Лежа́ть и спать. А я бу́ду рабо́тать. Тебе́ придётся к э́тому привы́кнуть. Жить со мно́й тру́дно. Я и́ли всё вре́мя на рабо́те, и́ли всё вре́мя ду́маю о рабо́те. Коне́чно, иногда́ я о ней забыва́ю… — он улыбну́лся так, что Кла́вдия опя́ть покрасне́ла. — Спи.

«Го́споди! — ду́мала Кла́вдия, когда́ он вы́шел из ко́мнаты. — Он сказа́л: "Тебе́ придётся привы́кнуть! Жить со мно́й тру́дно! Тебе́ придётся привы́кнуть… Жить со мно́й тру́дно…"»

Он собира́ется с ней жить?! Он хо́чет, что́бы она́ к нему́ привы́кла?!

«Так не быва́ет, — сказа́ла она́ себе́. — Не быва́ет! Так не быва́ет, но так есть. Полежу́ и тихо́нько обо всём поду́маю. Как он сказа́л? Он сказа́л: "Привыка́й! Жить со мно́й тру́дно!"»

— Я привы́кну! — сказа́ла она́ уве́ренно.

Комментарий

[1] Семидесятые годы — 70-ые годы XX века в России называют «временем романтиков».

(74) Андре́й вы́шел из ко́мнаты, постоя́л в коридо́ре, поду́мал: «Рабо́тать и́ли… к ней под одея́ло и…?» — зате́м реши́тельно пошёл в ва́нную и откры́л холо́дную во́ду. Ледяна́я вода́ немно́го помогла́. Голова́, ка́жется, начала́ рабо́тать. На́до послу́шать кассе́ты и поду́мать. По́сле ва́нной Андре́й пошёл в ку́хню, сде́лал себе́ ко́фе, сёл и посмотре́л в око́нное стекло́. В нём он уви́дел интере́сного улыба́ющегося мужчи́ну. Он смотре́л на себя́ и не узнава́л. Как хорошо́!.. Как же хорошо́-то!.. Что?.. Сно́ва го́лову под ледяну́ю во́ду?

— Успоко́йся, — сказа́л он себе́ и не узна́л своего́ го́лоса. — Ты что? В пе́рвый раз, что́ ли? В пе́рвый и́ли в пятна́дцатый. Нева́жно. Ва́жно, что мне нужна́ она́, Кла́вдия Ковалёва.

Он вышел из кухни, подошёл к комнате, открыл дверь и посмотрел. Клавдия спала. Она рядом, она здесь... Андрей ещё немного посмотрел на неё, потом вернулся в кухню, налил себе ещё кофе и включил кассету, которую дала Ирина. «Йра, девочка, это Таня Маркова, мы только что узнали о Серёже... Если нужна помощь...» — первая запись.

«Ирина Николаевна, это Лев Антонович, директор школы. Мы с женой готовы на время взять детей к себе. Перезвоните. Глубоко **соболезную**...»

Третья: «Йра, это я. Я не еду, потому... потому... Я приеду... Мне надо немного успокоиться... У меня была женщина из милиции, спрашивала про нас и про вас. Ничего особенного я ей не сказала. Говорить-то нечего. Только то, что мы сто лет дружим... Йра, я не знаю, что теперь делать. Прости меня...»

Этот плачущий голос — голос Людмилы Гольдиной.

Четвёртая: «Ш-ш-ш-ш-ш...» Позвонивший не сказал ни слова.

Пятая: «Ирина, это Лидия Петровна. Ты должна вернуться в город. Если ты не можешь заниматься делами Серёжи, пусть ими займётся кто-нибудь другой. Я считаю, что уезжать на дачу — некультурно! Академик Виноградов, например, сегодня весь день искал тебя, чтобы выразить соболезнования. Кроме того, детям нельзя так долго оставаться с твоими родными. Они там будут делать, что хотят. Их жизнь не будет организована так, как надо!»

— Вот сволочь, — сказал Андрей.

Шестая. Сначала долгое молчание, а потом: «Ты, сука, получила то, что должна была получить... Вы все получили. Особенно твой гениальный муж. Ты думала, что всю жизнь будешь счастливой? Жизнь тебе покажет, какая ты слабая и никому не нужная сука. Теперь твои дорогие дети не будут за границу ездить! В Москве сидеть будут! И мне тебя не жалко, сука. И никому тебя не жалко. По вокзалам, сука, ходить будешь и на хлеб просить...»

Андрей решил послушать эту запись снова. «Непонятно, — думал он, — мужчина говорит или женщина? Скорее мужчина. Ирина Мерцалова права. Нужно дать запись эксперту. Вдруг он услышит то, чего я не слышу».

Зачем этот кто-то звонил? Глупый звонок. Пустой. Кто это мог быть? Убийца. Тогда убийца хотел, чтобы милиция подумала, что в смерти Сергея виновата его жена. А если не убийца... Тогда это тот, кто очень сильно ненавидит семью Сергея Мерцалова. Звонил, чтобы удовольствие получить. Тогда Андрею понятно, кто это мог быть.

Если это убийца, то надо будет изучать ещё и связи Ирины. Андрей чувствовал, что смерть Сергея не связана ни с Ириной, ни с бандитами. Но всё это надо проверять. Но времени-то нет! Кажется, они сейчас ищут не там, где надо. А где надо?.. Завтра нужно будет сказать ребятам, чтобы занялись Клавдией Ковалёвой. Хватит им бегать за бандитами. Надо понять, зачем за ней следят днём и ночью, а ещё и сумку забирают. Два раза за два дня! В первый раз сумку вернули. Во второй — нет. Почему?

Андрей включил вторую кассету...

(75) Вторая кассета — кассета из дома родителей Сергея Мерцалова. На ней три сообщения. Два — от больных Мерцалова-старшего. Третье — от академика Виноградова. Дальше — ничего. Пусто.

Даже если на этой кассете и было что-то ещё, то родители Мерцалова всё это стёрли. Зачем Мерцалов-старший врал, что у него не работал телефон? Зачем? Мог бы соврать, что они не слышали других сообщений. Ведь невозможно доказать, слышал человек запись или нет.

Андрей поставил третью кассету и сразу понял, что здесь повезло больше. На ней были голоса тех, кто звонил ещё в августе, то есть до убийства. Значит, у Петра не было привычки стирать сообщения.

«Петя, немедленно возьми трубку. Слышишь? Петенька, я прошу тебя, немедленно возьми трубку!» — женский сильно волнующийся голос.

159

Голос Лидии Петровны Мерцаловой?!

Андрей снова послушал это сообщение.

Она несколько раз повторила, чтобы сын взял трубку. Значит, была уверена, что он её слышит. Но человек, услышав такой звонок от матери, не может дальше спокойно спать. Та-а-ак... В ту ночь Пети не было дома.

Следующие записи:

«Петя, да где же ты?! Там что-то случилось у Ирины. Сергей пошёл с собакой и не вернулся домой. Петя! Перезвони нам, как только вернёшься!»

«Петенька, да где же ты?! Господи, там что-то ужасное. Петя, я не могу тебя найти. Твой мобильный не отвечает. Отец поехал туда. Господи, Петя, что нам делать?! Позвони немедленно, как только вернёшься!»

Отец поехал... куда?!

Это Гольдин поехал, а не отец Сергея Мерцалова! Мерцалов-старший сказал, что ничего не знал до самого утра, пока они с женой не позвонили Ирине, чтобы узнать, кто будет сегодня забирать детей из школы!

Следующее сообщение, и снова тот же голос:

«Петя, уже почти утро. Папа вернулся. Мы не знаем... Петенька, позвони нам. Петя, я очень... очень прошу тебя, мальчик мой, позвони нам... Господи, как это ужасно!.. Мне не верится даже... Позвони!..»

Родители всё знали. Знали, что случилось, уже ночью... Петра дома не было. Где он был? Куда ездил Мерцалов-старший? У Ирины его не было...

«Думай спокойно! — приказал себе Андрей. — Думай так, как ты думаешь обычно. Не спеши».

Дальше были звонки, не имеющие отношения к той ночи. Андрей всё дослушал до конца и поставил запись сначала. Он слушал очень внимательно. Надо услышать то, что он не услышал, когда слушал первый раз.

Сергея Мерцалова убил его родной брат. ...Брат?!

160

(76) Кла́вдия была́ так сча́стлива, что не могла́ спать. Она́ с
голово́й лежа́ла под одея́лом, улыба́лась и пла́кала. Тепе́рь у неё
есть Андре́й, кото́рый *забо́тится* о ней. Нет, спать невозмо́жно.
Она́ вста́ла, подошла́ к две́ри ко́мнаты. Он в ку́хне. Слу́шает
каку́ю-то за́пись. Она́ взяла́ его́ сви́тер и осторо́жно вы́шла в
коридо́р и прошла́ к ку́хне. Он сиде́л с закры́тыми глаза́ми.
Спит?

— Заче́м ты вста́ла? — спроси́л он, не открыва́я глаз. — Спи.
Отдыха́й.

— Я да́же лежа́ть не могу́. Я тебе́ сви́тер принесла́, что́бы
тебе́ хо́лодно не́ было. Хо́чешь, я тебе́ ко́фе вку́сный сварю́?
Я не бу́ду меша́ть, я то́лько... — она́ не успе́ла договори́ть, как
он вдруг взял её свои́ми си́льными больши́ми рука́ми, посади́л
к себе́ на **коле́ни**, о́бнял и поцелова́л.

— Вари́! Вари́ мне ко́фе! Вари́ мне свой вку́сный ко́фе.
А мне на́до ещё порабо́тать! — он закры́л глаза́, а она́ начала́
ти́хо вари́ть ко́фе. Че́рез па́ру мину́т он попроси́л: — Скажи́
мне... Нет, не говори́... А лу́чше... напиши́.

— Что написа́ть? — не поняла́ Кла́вдия.

— Напиши́ мне на листе́ сле́ва, что у тебя́ бы́ло в су́мке в
пе́рвый раз, а спра́ва — что во второ́й. Ты хорошо́ зна́ешь, что
но́сишь в су́мке?

— Хорошо́, — сказа́ла Кла́вдия.

...Андре́й пил ко́фе, а Кла́вдия стара́тельно писа́ла. Он
посмотре́л на неё и улыбну́лся: «На́до же[1], сви́тер принесла́!
И ко́фе отли́чный свари́ла. Настоя́щий ко́фе! Сто ле́т не пил
тако́го. На́до же ... и сви́тер, и ко́фе...»

Он вы́пил ко́фе и сно́ва закры́л глаза́. «Зна́чит, брат...
Брат, кото́рого не́ было до́ма той но́чью. Брат, кото́рый сказа́л
мне непра́вду, что посмотре́л како́й-то фильм, а пото́м кре́пко
спал... Непоня́тно, куда́ е́здил Мерца́лов-ста́рший. У Ири́ны его́
то́чно не́ было. Кто следи́л за её му́жем в после́дний ме́сяц его́
жи́зни? Кто сейча́с следи́т за Кла́вдией Ковалёвой и отбира́ет у
неё су́мки? Кака́я связь ме́жду вели́ким врачо́м и незаме́тной
апте́каршей? И есть ли связь?..» — ду́мал он. Ду́мал обо всём

этом и пытался вспомнить, что было не так на детских фото Сергея Мерцалова. Он чувствовал, что это очень важно понять. Если бы он понял, он получил бы ответы на многие вопросы. Альбомы. Старые фотографии... На них очень серьёзный мальчик лет девяти-десяти занимался какими-то своими делами и... нигде не улыбался...

— Вот, Андрюша. Я написала, — неожиданно сказала Клавдия.

У него было чувство, что он сейчас найдёт ответ, но она помешала.

— Давай! — сказал он сердито и взял то, что она написала. — Паспорт. В первый раз у тебя в сумке не было паспорта. Та-а-ак... Истории с сумкой произошли из-за твоего паспорта. Кому-то очень нужен твой паспорт.

— Зачем?! Кому и зачем может быть нужен мой паспорт?!

— Не знаю... Пока не знаю. Ложись-ка спать. Мне пока ничего не понятно... Завтра я приеду за тобой на работу. Когда ты заканчиваешь?

— Завтра? Завтра, по-моему, в четыре...

— Пока я не приеду, из аптеки не выходить! Даже за хлебом. Понятно?

— Почему я должна сидеть в аптеке и не выходить даже за хлебом?! А?

— Потому что я не понимаю, что происходит. Потому что только что убили мужика, за которым тоже кто-то наблюдал. И я не хочу, чтобы...

— Убили? Его убили? Как? Совсем? До смерти?

— Совсем. До смерти. У него осталось двое мальчишек и жена, которая все пятнадцать лет прожила с ним как в медовый месяц.

— Хороший мой, как же тебе трудно!.. — на её глазах появились слёзы.

— Мне не трудно! — почти крикнул он. Не надо его жалеть! От таких её слов он... он становился мягким. А это нельзя!

Никáк нельзя́! — Мне нормáльно. Э́то рабóта! У меня́ прóсто такáя рабóта, понимáешь, Ковалёва?

— Да! — отвéтила онá и поцеловáла егó. — Понимáю.

Комментарий

[1] Надо же... — выражение приятного удивления.

ВОПРОСЫ К ГЛАВЕ 16

(70) 1. Что беспокоило Андрея поздним вечером этого дня?
2. Почему Клавдия приехала к Андрею? В каком она была состоянии? Что она рассказала ему?
3. Как Клавдия чувствовала себя в его доме?
4. Как Андрей встретил Клавдию?

(71) 1. Какое настроение было у Андрея?
2. Что делал Андрей, когда Клавдия была в ванной? Какие важные решения он принял?
3. Кто сделал ужин? О чём Андрей и Клавдия говорили за ужином?

(72) 1. Чем жизнь Андрея отличалась от жизни Клавдии?
2. Что Андрею обязательно надо было сделать в эту ночь?
3. Что изменилось в отношениях Андрея и Клавдии?

(73) 1. Что произошло между Клавдией и Андреем?
2. Что думала Клавдия в эту ночь в квартире Андрея?
3. К чему Андрей попросил Клавдию привыкать? Будет ли это тяжело для неё?

(74) 1. Что Андрей думал о Клавдии Королёвой?
2. Какую кассету Андрей начал слушать первой? Что было на этой кассете?

3. Кому Андрей решил дать послушать шестую запись? Почему этот звонок Андрей назвал глупым?

4. Кто, по мнению Андрея, не мог иметь отношения к убийству Сергея Мерцалова?

5. Что надо было срочно понять Андрею и его коллегам? Почему?

(75) 1. Какую кассету Андрей начал слушать второй? Что было на этой кассете?

2. Какую кассету Андрей начал слушать последней? Почему с этой кассетой Андрею повезло больше?

3. Чему удивился Андрей, когда слушал третью кассету?

4. Почему Андрей решил, что в ночь с 1 на 2 сентября Петра не было дома?

5. Кто еще в ту ночь куда-то уезжал из дома?

(76) 1. Почему Клавдия не спала? Почему она пришла к Андрею в кухню?

2. Что Андрей попросил написать Клавдию?

3. Что пытался вспомнить и понять Андрей, пока Клавдия писала?

4. Почему Андрей запретил выходить Клавдии из дома даже за хлебом?

5. Что Андрей рассказал Клавдии о Сергее Мерцалове?

6. Почему Андрей не хотел, чтобы Клавдия его жалела?

Глава́ 17
05.09.1997. Пя́тница. У́тро

(77) С утра́ ста́ло ещё холодне́е. А ведь ещё то́лько нача́ло сентября́…

Андре́й довёз Кла́вдию до апте́ки и пое́хал на рабо́ту. Он е́хал и ду́мал: «К ве́черу дождь мо́жет стать сне́гом. Тот, кто следи́т, уже́ на ме́сте. Сиди́т в свое́й маши́не. Рад, наве́рное, что она́ никуда́ не сбежа́ла… В суббо́ту отвезу́ её к роди́телям на да́чу. Це́лый день тепе́рь бу́ду ду́мать, что с ней и как…»

Андре́й откры́л дверь кабине́та Полево́го и …

— Здра́вия жела́ю![1] — сказа́л И́горь. Глаза́ у него́ бы́ли весё-лые. — Это господи́н Бо́йко Евге́ний Васи́льевич. Почти́ с но́чи меня́ ждал…

— Здра́сьте[2], — поздоро́вался Бо́йко. Бы́ло ви́дно, что ему́ жа́рко, хотя́ в зда́нии бы́ло о́чень хо́лодно.

— Здра́сьте, — сказа́л Андре́й. — И́горь Степа́нович, зайди́ пото́м ко мне́.

Андре́й вошёл в свой кабине́т и сра́зу позвони́л Кла́вдии. Пока́ её иска́ли, он смотре́л в окно́ и ду́мал о том, что, пожа́луй, понима́ет Серге́я Мерца́лова, кото́рый по три ра́за в день звони́л жене́.

— Алло́! — услы́шал он го́лос Кла́вдии. — Алло́!

— Это я. Как у тебя́ дела́? Всё в поря́дке?

— Да. Ты, пра́вда, зае́дешь?

— Одна́ не уезжа́й! Я за тобо́й прие́ду! Это поня́тно? — засмея́лся он.

— Да! — ра́достно сказа́ла она́. — Поня́тно!

И́горь пришёл мину́т через пятна́дцать и на́чал расска́зы-вать:

— Бо́йко в то у́тро ви́дел те́ло Мерца́лова. Пенсионе́р Бе́лов показа́л ему́ труп и попроси́л позвони́ть в мили́цию. Бо́йко о́чень испуга́лся. За ме́сяц до уби́йства он был у Мерца́лова в институ́те. До э́того моме́нта Бо́йко говори́л пра́вду. А пото́м начали́сь ска́зки о том, что у него́ есть друг с о́чень больны́м се́рдцем. И́мя э́того дру́га он назва́ть не мо́жет. Говори́т, что друг к врача́м не идёт — не зна́ет, что серьёзно бо́лен. Не зна́ет, потому́ что родны́е и друзья́ ему́ об э́том не говоря́т. Бо́йко приходи́л к Мерца́лову, что́бы узна́ть про э́ту боле́знь и помо́чь дру́гу. Когда́ он уви́дел уби́того, то по́нял, что уже́ никто́ не помо́жет его́ дру́гу... Вот он и убежа́л...

— Хоро́шая исто́рия. До́брая. Душе́вная...

— Душе́вная... Но са́мое интере́сное не э́то. К любо́внице Ли́лии Бори́совне Моисе́евой он прие́хал в пе́рвом часу́. До э́того был в клу́бе с хоро́шим знако́мым. Пото́м отвёз знако́мого домо́й. От до́ма знако́мого до любо́вницы две мину́ты. Е́сли Же́ня говори́т пра́вду, то он не уби́йца.

— Поня́тно, — сказа́л Андре́й. — На́до побо́льше узна́ть об э́том знако́мом и о больно́м дру́ге. Ду́маю, э́тот его́ друг уже́ у́мер от се́рдца. В до́ме у э́того дру́га сейча́с Ди́ма с О́льгой. Они́ там всё узна́ют. ...И ещё: Петра́ Мерца́лова в ночь уби́йства до́ма не́ было. Никто́ не зна́ет, где он был. Мать звони́ла ему́ три ра́за и говори́ла, что что́-то случи́лось с Серге́ем и оте́ц уже́ пое́хал к Ири́не. Мы зна́ем, что у Ири́ны Мерца́лов-ста́рший не́ был. Ири́не кто́-то позвони́л по телефо́ну и оста́вил сообще́ние, что она́ — су́ка, кото́рая получи́ла то, что должна́ была́ получи́ть. И ещё... У апте́карши вчера́ ве́чером во второ́й раз отобра́ли су́мку. В э́тот раз в су́мке был па́спорт. Су́мку не верну́ли.

— Да... — с удивле́нием сказа́л И́горь. — Да-а-а... Дела́...

И́горь не знал, что сказа́ть Андре́ю об э́той его́ апте́карше. Дел бы́ло мно́го, поэ́тому он встал и сказа́л:

— Андре́й, дел мно́го. Ну, пое́хали?

— Подожди́, — отве́тил Андре́й. — На́до ещё ко́е о чём поду́мать...

Комментарии

[1] Здра́вия жела́ю! — вое́нное приве́тствие.
[2] Здра́сьте! — (разг.) здра́вствуйте.

(78) В маши́не О́льга сказа́ла Ди́ме:

— Ска́жем жене́ Василько́ва, что мы из страхово́й компа́нии. Василько́в — челове́к не ста́рый, не бе́дный, не больно́й. Страхову́ю должно́ интересова́ть, почему́ он у́мер.

— Но, мо́жет, он не́ был **застрахо́ван?** — спроси́л Ди́ма. Он опя́ть был в костю́ме бра́та, и э́то ему́ о́чень не нра́вилось. Ещё ему́ не нра́вилось, что О́льга была́ сли́шком споко́йна. Кро́ме э́того, он не мог поня́ть, заче́м узнава́ть, как у́мер Василько́в. И ещё: заче́м говори́ть, что они́ из страхово́й?

— Э́то нева́жно: застрахо́ван он был и́ли нет. Об э́том никто́ нас не спро́сит. А вот е́сли мы ска́жем, что мы из мили́ции... Сра́зу бу́дут не́рвничать...

О́льга, как и все на рабо́те, говори́ла с ним как с ма́леньким. Э́то Ди́ме ужа́сно не нра́вилось. Ещё он позвони́л свое́й де́вушке. Её опя́ть не́ было до́ма. И её мать опя́ть хо́лодно сказа́ла ему́: «Звони́те за́втра». А ему́ на́до сейча́с! Сейча́с! Она́ поговори́ла бы с ним, успоко́ила бы его́. Сказа́ла бы, что лю́бит и скуча́ет... Все сего́дня про́тив него́! Все! Вот и банди́т Же́ня пришёл не к нему́, а к И́горю!.. Сейча́с бы э́тот Же́ня во всём призна́лся Ди́ме! Ди́ма бы поговори́л с э́тим банди́том как настоя́щий милиционе́р! Что за жизнь?.. А сейча́с ещё на́до бу́дет игра́ть роль како́го-то **аге́нта** страхово́й компа́нии...

Ди́ма е́хал и ду́мал: «Е́сли Же́ня уби́л Мерца́лова, то мог Василько́в быть зака́зчиком? Мог... Мог Василько́в умере́ть свое́й сме́ртью? Мог... Могли́ Василько́ва уби́ть?.. Могли́! Заче́м? Потому́ что испуга́лись. А чего́? Испуга́лись того́, что сле́дователи о́чень бли́зко подошли́ к отве́ту на вопро́с, кто уби́л Мерца́лова. (Э́та ве́рсия стажёру о́чень нра́вилась, потому́ что у него́ сра́зу появля́лось прия́тное чу́вство свое́й зна́чимости.) Зна́чит, зака́зчик кто́-то тре́тий! На́до изучи́ть свя́зи Василько́ва и Же́ни. Вот тогда́-то я и...»

— Ди́ма, хо́чешь я́блоко? — спроси́ла О́льга.

Э́то бы́ло неожи́данно и гру́бо. Стажёр посмотре́л на неё так, бу́дто она́ была́ гла́вным зака́зчиком всех уби́йств в стране́.

— Ты что? — не поняла́ она́.

167

— Ничего́…

— Ди́ма, — сказа́ла О́льга серьёзно, — ты не злись. Ты поду́май споко́йно. Василько́в, мо́жет быть, и не свя́зан с убийством Мерца́лова. Возмо́жно, он — че́стный бизнесме́н и прекра́сный оте́ц и муж. И тут мы, два мента́. Прихо́дим к нему́ домо́й, расска́зываем про како́е-то убийство, а зате́м спра́шиваем: «Кто уби́л ва́шего люби́мого му́жа и отца́?» Глу́по? Ди́ма, я всё понима́ю. Не ду́май, что мы отно́симся к тебе́ как к ма́ленькому. Ты э́то сам приду́мал. Ты тала́нтливый мужи́к и ско́ро поймёшь, как мно́го ты мо́жешь. Но есть в на́шей рабо́те что́-то. Это «что́-то» прихо́дит то́лько… с о́пытом.

Стажёру бы́ло прия́тно, что О́льга назвала́ его́ «тала́нтливым», да ещё и «мужико́м». Он немно́го успоко́ился, но пото́м опя́ть разозли́лся, потому́ что жена́ и дочь Василько́ва сра́зу пове́рили, что они́ страхо́вщики. О́льга на ку́хне ми́ло разгова́ривала с его́ жено́й, а он сиде́л в кабине́те хозя́ина, смотре́л в окно́ и чу́вствовал себя́ нену́жным.

— Хоти́те кури́ть? — неожи́данно услы́шал он за свое́й спино́й.

Ди́мка посмотре́л и уви́дел молоду́ю, о́чень краси́вую де́вушку. Он никогда́ таки́х не ви́дел. Стажёр встал. Секу́нды две глаза́ де́вушки смея́лись и, каза́лось, говори́ли: «Ну, посмотри́, посмотри́… Там, где ты живёшь, таки́х, как я, нет. Мы не для таки́х, как ты. Мы — **эксклюзи́в**! Посмотри́ и запо́мни…» Пото́м глаза́ де́вушки ста́ли о́чень гру́стными, и она́ сказа́ла:

— Меня́ зову́т Да́ша. Это мой па́па обраща́лся в ва́шу страхову́ю компа́нию. Кака́я ужа́сная судьба́… А мы с ма́мой ничего́ и не зна́ли…

(79) Дочь Василько́ва краси́во се́ла, посмотре́ла на Ди́му и сказа́ла:

— Да́йте **зажига́лку**.

Ди́ма доста́л свою́ зажига́лку. Ему́ бы́ло сты́дно, что она́ не золота́я.

— Мы с ма́мой то́лько сего́дня верну́лись из-за грани́цы.

— Вы там... отдыха́ли? — спроси́л стажёр осторо́жно.

— Нет! — она́ внима́тельно посмотре́ла на него́ и поду́мала: «Сто́ит ли с ним разгова́ривать? Молодо́й, высо́кий, спорти́вный, дорого́й костю́м, смо́трит жа́дно... Непло́хо... Но всё-таки он... то́лько ме́неджер! Мо́жно поговори́ть, пока́ ма́ма занята́. Ску́чно... Да ещё и па́па у́мер...»

— Нет, мы не отдыха́ли. Я выхожу́ за́муж. В Ита́лии живёт мой жени́х.

— Поздравля́ю. И о́чень **сочу́вствую**. Тепе́рь сва́дьбу на́до переноси́ть...

— Не ду́маю. Бори́с — о́чень серьёзный бизнесме́н. Его́ вре́мя до́рого сто́ит. К сва́дьбе уже́ почти́ всё гото́во. ...Зна́ете, а он с па́пой о́чень дружи́л...

— В Ита́лии, наве́рное, сейча́с тепло́? Со́лнце?.. — спроси́л Ди́мка, при э́том поду́мав: «О́льга пра́вильно сказа́ла, что я тала́нтливый мужи́к!»

— Мы бы́ли там три дня́. Когда́ улета́ли, бы́ло два́дцать пять гра́дусов.

— Три дня́? Так ма́ло? — удиви́лся стажёр.

— Мы улете́ли туда́ во вто́рник, что́бы договори́ться с Бори́сом о сва́дьбе. Он давно́ влюблён в меня́. А я... неда́вно поняла́,

что хочу́ вы́йти за него́ за́муж. В Москву́ верну́лись сего́дня ра́но у́тром.

— Ваш... Бори́с постоя́нно живёт в Ита́лии?

— Да. Он уе́хал туда́ в нача́ле а́вгуста. Тепе́рь он бу́дет жить там постоя́нно. У него́ два па́спорта: наш и италья́нский. Без мо́ря и со́лнца он жить не мо́жет. И мне там о́-о-очень хорошо́! — она́ сча́стливо засмея́лась.

«Э́то тот, из-за кого́ Же́ня приходи́л к Серге́ю Мерца́лову. Ему́ удало́сь уе́хать за грани́цу без его́ по́мощи. И зову́т его́ Бори́с...» — реши́л Ди́ма и за́дал но́вый вопро́с:

— А у вас бу́дет италья́нская фами́лия, как и у него́?

— Нет! — сно́ва засмея́лась она́. — У него́ о́чень ру́сская фами́лия Гла́дышев.

Пото́м она́ вста́ла и недово́льно кри́кнула в ку́хню:

— Ма́ма! Ты там ещё до́лго? У нас же сего́дня мно́го дел!

«Ей почему́-то ста́ло неудо́бно, когда́ она́ назвала́ его́ фами́лию, — по́нял Ди́мка. — Почему́ она́ так бы́стро зако́нчила разгово́р? В Ита́лии они́ с ма́терью бы́ли с ве́чера вто́рника до утра́ пя́тницы. Бори́с э́тот оста́лся в Ита́лии. Они́ верну́лись без него́. А ведь у́мер оте́ц его́ неве́сты, кото́рый был ещё и лу́чшим его́ дру́гом. Что́-то тут всё-таки не так...»

Да́ша вы́шла из кабине́та. Ди́ма встал, подошёл к окну́ и посмотре́л на у́лицу. Ничего́ интере́сного. Он встал к окну́ спино́й и уви́дел под столо́м каку́ю-то бума́жку. Он бы́стро её взял и положи́л в карма́н.

— Спаси́бо, — услы́шал он го́лос О́льги. — Вы мне о́чень помогли́. Спаси́бо, и... держи́тесь. До свида́ния...

Че́рез мину́ту Ди́ма и О́льга уже́ вы́шли из кварти́ры.

— Ты чего́ ходи́л по кабине́ту? Иска́л что́-то? — спроси́ла она́ в ли́фте.

— Они́ лета́ли на два дня к жениху́ в Ита́лию. Жениха́ зову́т Бори́с Гла́дышев. Он друг отца́. В кабине́те я нашёл вот э́ту бума́жку.

Он доста́л бума́жку и прочита́л:

— Ми́лый, прости́! Мы с Да́шей реши́ли уе́хать. Не ищи́ нас. Ты нас никогда́ бо́льше не уви́дишь...

— Вот су́ки, — сказа́ла О́льга легко́. — Зна́чит, Василько́в у́мер, когда́ узна́л, что жена́ и дочь бро́сили его́. Ди́мка, ты молоде́ц! Генера́лом бу́дешь! Майо́ру Ларио́нову расскажу́, како́й ты гениа́льный сы́щик!

Несмотря́ на то что О́льга сказа́ла мно́го прия́тных слов, на душе́ у Ди́мы бы́ло нехорошо́. Он вспо́мнил краси́вую де́вушку, у кото́рой в э́тот вто́рник у́мер оте́ц. Э́та де́вушка ду́мала то́лько о том, что́бы поскоре́е его́ похорони́ть и улете́ть опя́ть к со́лнцу и к мо́рю. Туда́, куда́ она́ уже́ улета́ла не́сколько дней наза́д. Отку́да верну́лась, когда́ узна́ла из запи́ски ма́тери, что оте́ц у́мер.

ВОПРОСЫ К ГЛАВЕ 17

(77) 1. О чём думал Андрей, когда отвёз Клавдию на работу?

2. Кого Андрей встретил в кабинете Игоря Полевого?

3. Почему Андрей позвонил Клавдии?

4. Какое у Клавдии в этот день было настроение?

5. Что Бойко рассказал Полевому о событиях утра 2 сентября? Что было правдой, а что неправдой в рассказе Бойко?

6. Почему Полевой поверил в то, что Бойко не убивал Мерцалова?

7. Куда поехали Дима и Ольга?

8. Что Андрей рассказал Игорю о Мерцаловых? А о Клавдии?

(78) 1. Почему Ольга решила сказать жене Василькова, что она с Димой из страховой компании, а не из милиции?

2. Какая версия убийства была у Димы?

3. Какие слова Ольги успокоили Диму?

4. Кто из следователей говорил с женой Василькова? Что в это время делал другой следователь?

(79) 1. Почему Даша решила поговорить с Димой?
2. Откуда и когда вернулись дочь и жена Василькова? Вспомните, почему они уехали из дома и как теперь Даша объяснила поездку в Италию.
3. Кто такой Борис? Почему Даша решила выйти за него замуж? Это правда?
4. Что в разговоре с Дашей показалось Диме странным?
5. Что Димка нашёл в кабинете Василькова?
6. Что было написано на бумажке?
7. Как Ольга оценила работу стажёра?

Глава́ 18
05.09.1997. Пя́тница. День и ве́чер

(80) Андре́й с закры́тыми глаза́ми сиде́л в своём кабине́те и ду́мал. Так прошло́ мину́т де́сять. И́горь внима́тельно посмотре́л на нача́льника и спроси́л:

— Хо́чешь, покажу́ фо́то до́чки? Пе́рвого сентября́ фотографи́ровал.

— Дава́й.

И́горь положи́л перед Андре́ем фотогра́фии и сказа́л:

— Моя́ дочь! Тре́тий класс. Краса́вица? Да?

— Да́-а-а... На тебя́ похо́жа.

Фо́то... Да, фо́то. Пе́рвое сентября́. Мно́го дете́й ра́зного во́зраста. Что же он забы́л? Он опя́ть посмотре́л на фо́то. Ма́ленькие де́ти... Ребя́та поста́рше... Роди́тели, учителя́ ... Ма́ленькие... Поста́рше...

Андре́й бы́стро взял телефо́н и набра́л но́мер. Услы́шав автоотве́тчик, он бы́стро заговори́л:

— Ири́на Никола́евна, возьми́те тру́бку, э́то майо́р Ларио́нов. Э́то о́чень ва́жно, Ири́на Никола́евна.

— Здра́вствуйте, Андре́й, — ти́хо сказа́ла Мерца́лова. — Я вас узна́ла.

— Ири́на Никола́евна, скажи́те, пожа́луйста, почему́ в ва́ших альбо́мах нет ма́ленького Серге́я? Все фо́то начина́ются лет с девяти́ ...

— С семи́. Я ду́мала, вы зна́ете... Серёжку взя́ли в семью́, когда́ ему́ бы́ло семь лет. До э́того он жил в детдо́ме.

— Я так и ду́мал... А в како́м детдо́ме он был?

— Под Москво́й... Мы туда́ е́здили. Серёжка им каки́е-то лека́рства и пода́рки вози́л и деньга́ми помога́л. Он недо́лго был в детдо́ме, но всё по́мнил. А про родну́ю семью́ ничего́ не по́мнил. Говори́л, что его́ ма́ма умерла́.

Андре́й попроси́л Ири́ну привезти́ ему́ на не́которое вре́мя альбо́мы с семе́йными фотогра́фиями. Она́ согласи́лась. Когда́ разгово́р зако́нчился, И́горь спроси́л:

— Детдо́м? Он детдо́мовский?

— Да, — отве́тил Андре́й и подошёл к окну́. Смотре́л в окно́ и ду́мал: «Серге́й Мерца́лов был в детдо́ме, как и Кла́вдия Ковалё́ва. Вот тебе́ и связь ме́жду ни́ми. Они́ бы́ли в ра́зных детдома́х, но о́ба детдо́мовские...»

— Я не зна́ю, что нам ну́жно де́лать да́льше, — сказа́л Андре́й И́горю. — Ну́жно е́хать к роди́телям Серге́я, и коне́чно, к люби́мому бра́тцу... Но...

— Что? — спроси́л И́горь.

— На́ша апте́карша то́же из детдо́ма. В семью́ её никто́ не взял. За ней то́же следя́т. И я не зна́ю, что тепе́рь я до́лжен де́лать.

— Дава́й поду́маем. Поду́маем споко́йно.

— Как тут мо́жно споко́йно ду́мать! Е́сли есть связь, то её то́же вот-во́т убью́т. На́до к Мерца́ловым е́хать. Бою́сь, э́то... брат. А? Как ду́маешь?

— Пое́дем, Андре́й. В маши́не ещё поду́маем. Вре́мя бу́дет.

(81) Андре́й и И́горь прие́хали к Мерца́ловым-ста́ршим.

— Леони́д Андре́евич, — сказа́л Андре́й споко́йным го́лосом, — вы должны́ объясни́ть нам, где вы бы́ли но́чью с пе́рвого сентября́ на второ́е. Нам изве́стно, что до́ма вас не́ было. Постара́йтесь бо́льше нам не врать. Хорошо́?

— Я была́ уве́рена, что э́тим всё ко́нчится, — сказа́ла Ли́дия Петро́вна му́жу. — Лё́ня, не волну́йся. Я сейча́с же пойду́ и позвоню́....

— Е́сли вы хоти́те звони́ть на́шему нача́льству, то вам придё́тся подожда́ть, пока́ мы уйдё́м. Я не говорю́, что вы в чё́м-то винова́ты. Я про́сто хочу́ знать, где был ваш муж в ту ночь. Я зна́ю, что он пое́хал иска́ть Серге́я. А вы, Ли́дия Петро́вна, не́сколько раз звони́ли своему́ мла́дшему сы́ну и о́чень вол-

новались, так как его не было дома. Где был ваш муж? И где был ваш сын?

Красивое лицо Лидии Петровны вдруг помертвело. На это невозможно было смотреть. Андрей перевёл глаза на Мерцалова-старшего. Тот садился за свой рабочий стол. Пока он садился, со стола на пол стали падать какие-то бумаги и ручки...

Эти люди Андрея не волновали. Они были для него *просто работой*.

Сергей с Ириной и Клава не были *просто работой*. А эти ему были интересны только потому, что могли сообщить что-то важное.

— Мы ждём,— сказал Андрей милицейским голосом.

— Да, — наконец сказал Мерцалов. — Да. Я так и думал, что так и будет...

— Перестань, — голос Мерцаловой уже не был похож на голос королевы.

— Лида, Лида... — Леонид Андреевич закрыл глаза. Андрей заметил на лице старика слёзы. Это было похоже на плохой спектакль. Андрей почувствовал такую злость, которую ему уже трудно было контролировать.

175

— Да! — вдруг эмоционально заговорил Леонид Андре́евич. — Да! Мне придётся сказа́ть вам. Но зна́йте, *наш сын* не винова́т! Ни в чём... Он про́сто о́чень самолюби́вый и о́чень го́рдый ма́льчик с о́чень не́жной душо́й.

— Кто? — спроси́л И́горь. Ему́ то́же уже́ надое́л э́тот теа́тр. — Кто?

— *Наш* сын. Он не мог уби́ть Серёжу. Не мог...

— *Наш* сын никогда́ не мог бы... — продо́лжила Ли́дия Петро́вна. — Вы должны́ э́то поня́ть. И е́сли вы у́мные лю́ди, то...

— У вас бы́ло два сы́на, — останови́л её Андре́й. — Два. Вы не по́мните?

— У нас был оди́н сын! — кри́кнула Ли́дия Петро́вна. — Мы взя́ли ма́льчика из детдо́ма. У нас мно́го лет не́ было дете́й. Мы до́лго выбира́ли ребёнка. Мы не хоте́ли о́чень ма́ленького, потому́ что мно́го рабо́тали. Э́то бы́ло тру́дное де́ло. Ведь из хоро́ших и здоро́вых семе́й в детдо́м не попада́ют... Мы взя́ли... А че́рез год у нас роди́лся Пе́тя! — на лице́ её появи́лась ра́дость. — Наш замеча́тельный ма́льчик! Наш насле́дник! На́ша кровь! На́ше бу́дущее!..

— И детдо́мовский ма́льчик стал не ну́жен... — Андре́й посмотре́л на неё. — Но вы его́ в детдо́м не верну́ли, что́бы не **испо́ртить** ва́шу репута́цию. Да?

— Мы да́ли ему́ образова́ние. Мы всё сде́лали для него́. Но он... он так и оста́лся чужи́м... Он всё и всегда́ де́лал по-сво́ему. По́сле восьмо́го кла́сса ушёл в медици́нское учи́лище. А пото́м он жени́лся, ну и всё остально́е...

— Он оказа́лся бо́лее тала́нтливым, чем ваш Пе́тя, да? — спроси́л Андре́й. — Он был настоя́щим Мерца́ловым.

— Да как вы мо́жете всё э́то нам говори́ть? — кри́кнула Ли́дия Петро́вна. — Что вы о нас зна́ете?

— Я зна́ю о вас мно́гое, Ли́дия Петро́вна, — сказа́л Андре́й. — Серге́й оказа́лся бо́лее Мерца́ловым и бо́лее тала́нтливым, чем ваш сын. И вы э́того ему́ так и не прости́ли. ... Так что же произошло́ той но́чью?

(82) — Так что же произошло той ночью? — повторил вопрос Андрей.

— Ирина позвонила нам и оставила сообщение, что Серёжа ушёл с собакой и не вернулся, — несчастным голосом начал Мерцалов-старший. — Мы испугались. Мы знали, что в последнее время он постоянно ссорился с нашим Петей. Он заставлял нашего Петю жениться на этой девице. Угрожал, что не будет давать ей деньги. Обещал позвонить директору медицинского центра, где работал Петя ... А у Пети с работой только-только всё стало получаться...

— А ещё, — продолжила Мерцалова, — наш Петя стал встречаться с дочерью директора центра, в котором сейчас работает! Мы были так рады... Но с Сергеем же никогда и ни о чём невозможно было договориться... Его не интересовали интересы других!..

«Он покупал вам мебель, возил вас за границу, давал деньги на вашего внука... Этого он мог и не делать, не должен был делать. Но он думал о семье. А ещё он хотел стать в ней своим. Но так и не стал...» — думал Андрей.

— Мы ужасно испугались. Нам даже показалось, что это... Петя... Его в ту ночь не было дома... Мы думали... Вдруг Сергей сказал что-то Пете, и Петя... Понимаете... Мы так боялись... Ужас! Ужас!.. — сказал Мерцалов.

— Вы поехали туда. Вы не пошли к Ирине. Вы пошли в сквер, где обычно Сергей гуляет с собакой. Вы его искали, потому что были готовы к тому, что он убит. И... нашли его. Нашли? Да?! — Нашёл, — заплакал Мерцалов-старший. — Но я сразу понял, что это... это... не Петя... Это было сделано так... так ужасно... Петя... так... не мог...

— Увидели убитого сына и не позвонили в милицию? — спросил Игорь.

— Я боялся. А вдруг это всё-таки... Я понял, что никто и ничем ему уже не поможет. Я поехал домой. Потом мы искали Петю.

— Это была ужасная ночь, — крикнула Лидия Петровна. — Ужаснейшая!

— Ну да, — сказал Андрей. — Конечно...

Ему очень хотелось что-нибудь сломать. И ещё он подумал о Клавдии. Он приедет вечером домой, обнимет её и будет обнимать, пока не успокоится. А успокаиваться он будет очень долго.

— Вы нашли вашего Петю? — холодно спросил Игорь.

— Да, — ответил Мерцалов. — Он был у этой... На которой Сергей хотел его женить. Сергей был у неё днём. Пете тоже приказал туда приехать. У неё они снова... ужасно поссорились. Вечером Петя почему-то опять поехал к ней... Петя не мог убить! Он был у этой ... часов с десяти, наверное...

— Это он вам так сказал? — задал вопрос Игорь.

— Значит, вы успокоились и стали ждать, когда Ирина вам позвонит? — Андрей внимательно посмотрел на них. — Как мило! Всё должно быть в порядке? Да? И у Пети не должно быть проблем? Да? У вас замечательная семья! И сын очень хороший. Не Сергей, а настоящий. Мы очень рады за вас!

— Если вы станете обвинять Петю, то я... я... — начала Лидия Петровна.

— Не надо меня пугать! — Андрей встал со стула, а за ним встал и Игорь. — Ваш Петя — ничто. Ни-что-жество ваш Петя! Радуйтесь! Замечательный у вас ребёнок получился! Если он убил Сергея, то я это докажу. И самому министру докажу. Если не он, вы его получите обратно. Берите его и будьте с ним до конца вашей жизни! — он помолчал и сказал: — У вас больше нет Сергея. Сергея, который нёс на себе Петю, его жён, детей, любовниц и, главное, решал все Петины идиотские проблемы.

Когда Андрей вышел из квартиры Мерцаловых, он изо всех сил ударил рукой по стене:

— Ах, сволочи!.. Ах, какие сволочи...

(83) После Мерцаловых Игорь поехал к Элеоноре Ковровой, а Андрей — на работу. Диму и Ольгу Андрей послал в **архивы** —

178

искать родителей Клавдии Ковалёвой и Сергея Мерцалова и узнать, не являются ли они братом и сестрой.

В своём рабочем кабинете он сделал себе кофе, сёл и начал думать: «Василькову нужно было следить за Сергеем Мерцаловым? Нет. И Пете Мерцалову не нужно. Он мог убить брата и без того, чтобы следить за ним. Эле тоже не нужно. Зачём убивать курицу, которая несёт золотые яйца? ...У Клавдии два раза забирали сумку. Первый раз её сразу вернули. Почему? Там не было паспорта. Значит, нужен был паспорт. Зачём? Чтобы знать, что это точно она. Значит, человек, который следил за ней, не знал её и никогда не видел. Он не хотел ошибиться и убить кого-то другого. Зачём он хочет убить её? Зачём он убил Мерцалова и собирался убить её?..»

Андрей встал, походил по комнате и снова сел.

...Детдомовские дети...

Сергею было семь, когда его взяли в семью. Клава выросла в детдоме. В семью её не взяли. Они из разных детдомов. Никогда не видели друг друга.

Что такого важного они могли знать? Кому они могли мешать?

Что-то случилось в детстве. И это что-то после почти тридцати лет имеет для кого-то огромное значение. Что же это? Что?! Думай!

Андрей взял один из альбомов, который привезли от Ирины. Свадьба. Глупые счастливые лица жениха и невесты. Родители Ирины. Мерцаловых не видно. Неужели они не были на свадьбе?! Весёлые фото студенческой жизни. А вот уже Сергей выступает перед аудиторией.

Андрей открыл второй альбом.

Серьёзный мальчишка ловит рыбу. Школа. Ему восемь лет, но лицо как у серьёзного взрослого. Родители любят только брата. Для Сергея это не стало причиной, чтобы не любить младшего. Он до конца жизни помогал ему.

Поздравления маме на Восьмое марта[1]. Ещё одна открытка-фото. На ней очень красивая женщина. Интересно, какого го́да э́то фо́то? Откры́тка пятидеся́тых годо́в. Же́нщину зову́т Ната́лья Рого́жская. Арти́стка? Певи́ца?

Андре́й смотре́л на откры́тку и набира́л но́мер телефо́на:

— Ири́на Никола́евна, э́то опя́ть Ларио́нов. Возьми́те, пожа́луйста, тру́бку.

— Я слу́шаю вас, Андре́й.

— Спаси́бо вам за альбо́мы. Они́ уже́ у меня́. Вы не зна́ете, отку́да у вас в альбо́ме откры́тка, на кото́рой Ната́лья Рого́жская? Кто она́ така́я? Арти́стка?

— Нет, певи́ца. О́чень изве́стная. Мои́ роди́тели её хорошо́ по́мнят. Э́то Серёжино фо́то. Оно́ у него́ бы́ло в детдо́ме. Он ду́мал, что она́ — его́ настоя́щая мать. Но, коне́чно, э́то не так...

— Отку́да э́то изве́стно?

— Пре́жде чем взять его́ в семью́, Мерца́ловы-ста́ршие всё о нём узна́ли. Ната́лья Рого́жская не име́ла к Серге́ю никако́го отноше́ния.

— А кто име́л?

— Мы так и не узна́ли, Андре́й. Его́ мать умерла́, а про отца́ вообще́ ничего́ не изве́стно. Наве́рное, э́то фо́то бы́ло у них до́ма. Когда́ его́ увози́ли в детдо́м, он взял его́. Он люби́л э́ту фотогра́фию и берёг. Он да́же с ней спал...

— Поня́тно. Поня́тно, спаси́бо...

И Кла́ва говори́ла, что её мать умерла́, а про отца́ ничего́ неизве́стно.

Андре́й положи́л фотогра́фию на сто́л, встал и подошёл к окну́. Дождь. Он немно́го постоя́л, зате́м пошёл к столу́ и останови́лся. В вече́рнем све́те фотогра́фия измени́лась. Он уви́дел то, чего́ ника́к не мог уви́деть ра́ньше.

— Чёрт! — сказа́л он себе́ и поднёс фо́то к глаза́м. — Вот чёрт-то!

Комментарий

[1] 8 Марта — один из популярных российских праздников (Международный женский день).

(84) Её рабо́чий день в апте́ке зако́нчился два часа́ наза́д. Андре́й сказа́л, чтобы она́ ждала́ его́. Что́бы не сиде́ть без де́ла, она́ ста́ла запи́сывать в специа́льную кни́гу назва́ния лека́рств, кото́рые на́до заказа́ть в понеде́льник.

Позвони́ла Татья́на и сообщи́ла, что верну́лась из командиро́вки. Кла́вдия рассказа́ла ей о том, что у неё сно́ва отобра́ли су́мку, что уда́рили, что она́ до́лго лежа́ла в лу́же. По́сле всего́ э́того у́жаса она́ пое́хала к Андре́ю, была́ у него́ до утра́ и сего́дня опя́ть бу́дет у него́. Та́нька всё сра́зу поняла́, тру́бку не бро́сила и не попроси́ла объясне́ний. А ещё она́ сказа́ла:

— Кла́ва, я о́чень ра́да... Я вам позвоню́. Я бу́ду сча́стлива слы́шать, что ты жива́, здоро́ва и спишь с мои́м бра́том!

Кла́вдии ста́ло совсе́м легко́.

Андре́й прие́хал за ней в полови́не восьмо́го. Он е́хал к ней и волнова́лся, что она́ могла́ уйти́. А э́того де́лать бы́ло нельзя́. Ещё он волнова́лся, что не позвони́л ей. Ему́ 36, а он волну́ется, как ма́льчик. Глу́по. Он же майо́р мили́ции.

Знако́мые «Жигули́» стоя́ли у апте́ки. Зна́чит, она́ не ушла́. Молоде́ц.

Андре́й вошёл в апте́ку и попроси́л позва́ть Кла́вдию Ковалёву.

— Приве́т, Андре́й, — услы́шал он ря́дом. — Как хорошо́, что ты прие́хал.

Он посмотре́л и уви́дел её счастли́вое лицо́. Ры́жие во́лосы. На ней его́ сви́тер, его́ ку́ртка и его́ джи́нсы. На душе́ у Андре́я ста́ло так ра́достно и так споко́йно... Он взял её за́ руку, и они́ вы́шли из апте́ки. На у́лице он сра́зу обня́л её и поцелова́л в гу́бы. Пото́м в щёку. А пото́м опя́ть в гу́бы.

— Андре́й! Тут же лю́ди!

Он поцелова́л её ещё и ещё. Ско́ро они́ бу́дут до́ма. Как хорошо́! Па́рень в «Жигуля́х» си́льно удивлён. Что? Не ду́мал меня́ уви́деть? Ну, посмотри́, посмотри́. И хозя́ину скажи́, что она́ тепе́рь не одна́. А сейча́с ты уви́дишь, как ты нас потеря́ешь. Потеря́ешь и не поймёшь, как нас потеря́л...

Андрей с Клавдией сели в машину. Они поехали прямо, а потом налево под «кирпич»[1] к новой шикарной гостинице. Оттуда сразу выбежал удивлённый швейцар[2]. Подбежал, заглянул в машину и понял: «Не клиенты!» Андрей открыл окно, показал ему свой документ и сказал: «Сейчас уеду. Я на работе». Швейцар никак не мог решить: звать охрану или пока не надо? Через минуту мимо них проехали знакомые «Жигули».

— Вот и всё... Домой! — улыбнулся Андрей.

...Дома Андрей лежал рядом с Клавдией и говорил:

— Завтра суббота. Но у меня, как и у тебя, выходного не будет. До аптеки я тебя довезу. К вечеру за тобой приеду, и поедем на дачу к родителям.

— Хорошо, — улыбнулась она.

— Слушай, а мы так и не поели. Ты, наверное, ужасно голодная.

— Ужасно! Сейчас тебя съём.

Он громко засмеялся, обнял её и спросил:

— Тебе не холодно?

— Нет... Ты такой... тёплый... большой... хороший...

Клавдия никак не могла поверить, что лежит рядом с ним и смотрит в его серые внимательные глаза. Спасибо, что за ней стали следить! Большое... Нет, огромное спасибо тому, кто всё это организовал!

— Ковалёва, — сказал он, гладя её по голове, как маленькую. — А я нож нашёл в твоей одежде. Что это такое?

— Это... мой, — сказала она и замолчала. — Он мне достался по **наследству**. От одной детдомовской девчонки.

— Ты его использовала?

— Я им **пугала** врагов...

— Американское кино! Оказывается, ты за нож можешь взяться?.. Нехорошо это, Клава. Не женственно...— улыбнулся он.

Теперь она знала: о такой, как она, он мечтал всю свою жизнь.

Комментарии

[1] «Кирпич» — (разг.) автомобильный знак «Въезд запрещён».

[2] Швейцар — служащий гостиницы или ресторана, который открывает дверь клиентам.

ВОПРОСЫ К ГЛАВЕ 18

(80) 1. Сколько дней прошло после убийства Сергея Мерцалова?

2. Что удивило Андрея в семейном альбоме Сергея Мерцалова?

3. Кому позвонил Андрей? Что нового узнал Андрей от Ирины?

4. Из какого детдома и в каком возрасте Мерцаловы взяли в семью Сергея?

5. Что помнил и знал Сергей о семье, в которой родился?

6. О чём Андрей попросил Ирину Мерцалову?

7. Что связывало Сергея Мерцалова и Клавдию Ковалёву?

8. Почему Андрей не знал, что делать дальше?

(81) 1. К кому поехали Андрей и Игорь?

2. Какие два вопроса интересовали Андрея? Кому он их задал?

3. Почему родители Мерцалова не рассказали сыщикам, что Леонид Андреевич был в ночь убийства Сергея на месте преступления?

4. Почему Лидия Петровна сказала, что у них был только один сын? Как в семье Мерцаловых появился Сергей?

5. Почему Мерцаловы не вернули Сергея в детдом?

6. Почему Мерцаловы считали, что Сергей так и не смог стать для них родным?

7. Почему Андрей назвал Сергея настоящим Мерцаловым? Чего ему не могли простить Мерцаловы-старшие?

183

(82) 1. Как Мерцаловы-старшие узнали, что Сергей с собакой не вернулись домой?

2. Почему братья Мерцаловы постоянно ссорились?

3. Почему Мерцалов-старший поехал в ночь убийства к дому Сергея и Ирины?

4. Почему Мерцалов-отец не позвонил в милицию, когда нашёл убитого Сергея?

5. Почему Андрею хотелось что-нибудь сломать?

6. Где был Пётр в ночь с 1 на 2 сентября?

(83) 1. Куда поехали Андрей и Игорь после Мерцаловых-старших? А Дима и Оля?

2. Кому и почему, по мнению Андрея, не надо было бы следить за Сергеем Мерцаловым?

3. Что общего было между Сергеем Мерцаловым и Клавдией Ковалёвой?

4. Кому и зачем мог быть нужен паспорт Клавдии?

5. На что обратил внимание Андрей во втором альбоме? Почему?

7. Что Ирина Мерцалова знала о родных своего мужа? Почему открытка с известной актрисой всегда была с Сергеем?

8. Что понял Андрей, когда сказал: «Чёрт! Вот чёрт-то!»? Какие у вас версии?

(84) 1. Что делала Клавдия после того, как закончила работу?

2. Когда Андрей приехал за Клавдией? Что он чувствовал, когда ехал к ней? Как он понял, что она ждёт его?

3. Что Андрей думал о парне, следящем за Клавдией?

4. Как Андрей с Клавдией ушли от него?

5. Как Андрей и Клавдия провели вечер пятницы? Чем Клавдия удивила Андрея?

Глава́ 19
С 05.09 на 06.09.1997.
Ночь с пя́тницы на суббо́ту

(85) Они́ её потеря́ли! Сво́лочи!

Не́сколько неде́ль они́ следи́ли за не́й и... потеря́ли! Глу́пые свиньи! Они́ да́же не могли́ проследи́ть за маши́ной, кото́рая её увезла́. Отку́да э́та маши́на? Она́ хо́дит то́лько на рабо́ту и с рабо́ты и то́лько иногда́ в магази́н.

Сво́лочи! Идио́ты! Дураки́! Не мо́гут вы́полнить просто́е зада́ние!

Ху́же всего́ то, что у него́ совсе́м нет вре́мени.

К понеде́льнику де́ло должно́ быть зако́нчено, и́ли его́ не на́до бы́ло начина́ть. И вот, пожа́луйста! Глу́пая девчо́нка в са́мый после́дний моме́нт нашла́ мужика́, кото́рый увёз её на маши́не, да ещё неизве́стно куда́!

Ему́ прихо́дится жить среди́ свине́й! Глу́пые и жа́дные свиньи! Они́ не хотя́т ничего́ де́лать! При э́том они́ уве́рены, что они́ таки́е же лю́ди, как и он.

Он зако́нчит своё де́ло. Он немно́го изме́нит план. Уйти́ от него́ нельзя́!

Э́та ду́ра должна́ умере́ть, и она́ умрёт тогда́, когда́ ему́ бу́дет ну́жно.

За́втра. Как он и плани́ровал.

Мили́ция — таки́е же глу́пые свиньи, как и те, кто за не́й следи́л. Они́ не смо́гут ему́ помеша́ть. Он был уве́рен, что менты́ никогда́ его́ не найду́т.

Ну́жно споко́йно поду́мать и реши́ть, как то́чно он э́то сде́лает.

Он всё зна́ет об э́той ры́жей ду́ре. Всё! Как она́ живёт, как рабо́тает, что ест, что де́лает в выходны́е... Он зна́ет да́же то, что за́втра, в э́ту суббо́ту, она́ вы́йдет на рабо́ту, что́бы встре́тить маши́ну с лека́рствами!

Ему́ прихо́дится тра́тить своё вре́мя на э́ту ду́ру, на э́ту сво́лочь!

Зна́чит, за́втра. В два часа́ дня. Верёвку он испо́льзовать не бу́дет. То́лько пистоле́т! Хотя́ э́то глу́по и по́шло. Но э́то ему́ сейча́с удо́бно. А он всегда́ де́лает так, как ему́ удо́бно. Он всё всегда́ де́лает хорошо́ и до конца́.

В два часа́ дня придёт маши́на с лека́рствами. Во дво́р маши́на въезжа́ет за́дом через а́рку и остана́вливается под не́й. Во дво́р ей не прое́хать. Шофёр остаётся в маши́не, а ме́неджер по рабо́те с апте́ками идёт с докуме́нтами во дво́р. Там склад апте́ки. Шофёр его́ не ви́дит. Ры́жая ду́ра, кото́рую он до́лжен уби́ть, всегда́ стои́т и ждёт ме́неджера.

У него́ бу́дет не́сколько мину́т, что́бы **вы́стрелить** в э́ту ду́ру. Ря́дом — стро́йка, на кото́рой рабо́тают маши́ны. Вы́стрелов никто́ не услы́шит.

Он улыбну́лся. Когда́ её найду́т, он уже́ бу́дет споко́йно пить ко́фе в како́м-нибудь дорого́м кафе́ и отдыха́ть с чу́вством, что он до конца́ сде́лал своё де́ло. Да. Всё бу́дет так.

За́втра! За́втра бу́дет всё хорошо́. За́втра к нему́ верну́тся его́ споко́йствие и уве́ренность. За́втра он зако́нчит де́ло, кото́рое на́чал мно́го лет наза́д, когда́ его́ жизнь чуть не слома́ла та, пе́рвая сво́лочь. Он успе́л её останови́ть.

За́втра он зако́нчит то, что начало́сь так давно́. За́втра... За́втра...

(86) Часо́в в оди́ннадцать ве́чера Андре́ю позвони́ла О́льга.

— Я то́лько что из архи́ва, — сказа́ла она́. — Ещё да́же и не е́ла. Ты был прав: уби́тый Мерца́лов и э́та твоя́ апте́карша — брат и сестра́.

Андре́й ждал э́того. Но, когда́ услы́шал слова́ О́льги, почу́вствовал си́льное волне́ние.

— Они́ оказа́лись в ра́зных детдома́х, потому́ что по́сле сме́рти ма́тери де́вочка заболе́ла и боле́ла о́чень до́лго. Почти́ полго́да была́ в больни́це. Когда́ она́ вы́здоровела, то про бра́та не вспо́мнили. Её о́тдали в другу́ю детдо́м. Ей бы́ло два го́да, ему́ — шесть. Вско́ре его́ взя́ли Мерца́ловы.

— А мать? — спроси́л Андре́й.

— Э́то не Рого́жская. Рого́жская жива́ и здоро́ва. Их мать умерла́. Стра́нно умерла́... Родны́х бо́льше нет. Они́ жи́ли с ма́терью недалеко́ от Москвы́. Мать была́ худо́жницей в одно́м изда́тельстве. Про отца́ ничего́ неизве́стно.

— Фо́то есть?

— Кого́? Ма́тери? Нет, коне́чно. Отку́да?

— Спаси́бо, О́льга. Отдыха́й. Выходны́х не бу́дет...

По́сле разгово́ра с О́льгой Андре́й сел на сту́л и закры́л глаза́.

Кла́вдия Ковалёва (лу́чшая подру́га его́ сестры́, его́ люби́мая же́нщина, кото́рая сейча́с де́лает у́жин) — сестра́ уби́того Серге́я Мерца́лова. Тепе́рь ему́ на́до бу́дет сообщи́ть Кла́вдии, что у неё был брат, о кото́ром она́ ничего́ не зна́ла, что э́тот брат уби́т, а уби́йца тепе́рь плани́рует уби́ть и её.

За́втра он бу́дет знать, кто уби́л Серге́я и кто хо́чет уби́ть его́ сестру́.

По́сле у́жина, когда́ Кла́вдия легла́ спать, Андре́й позвони́л Йгорю.

— Что у тебя́? — спроси́л он Полево́го.

— Элеоно́ра в ночь уби́йства была́ с Пе́тей. Он оста́вил свою́ маши́ну перед её до́мом. Там есть охра́на. Охра́нники записа́ли но́мер и вре́мя, когда́ маши́на прие́хала и уе́хала. Они́ ведь де́ньги по часа́м беру́т.

— Заче́м она́ сказа́ла, что Серге́й — её любо́вник?

— Говори́т, что о́чень его́ люби́ла, мечта́ла о нём... Но мне ка́жется, что она́ бо́льше всего́ люби́ла его́ де́ньги. Хоте́ла «свой» проце́нт получи́ть...

— А как бы она́ доказа́ла, что он оте́ц её ребёнка? — спроси́л Андре́й.

— Да ника́к. Э́ля — де́вушка проста́я. Она́ бы с Ири́ны проце́нт свой получи́ла. А Пе́тя ей не ну́жен. Ей де́ньги нужны́. А у Пе́ти де́нег нет...

— А ведь э́то она́ звони́ла Ири́не и су́кой её называ́ла, да? И заче́м?

— И всё-то ты зна́ешь, Андре́й! Да, звони́ла она́. Пла́чет и объясня́ет, что звони́ла из-за ре́вности. Э́ля — су́ка ре́дкая! Она́ не могла́ прости́ть, что Мерца́лов в её сто́рону да́же не смотре́л! Она́ поня́ть ника́к не могла́: как э́то мужи́к лю́бит свою́ ста́рую жену́, а её — молоду́ю и краси́вую — да́же не замеча́ет.

— Поня́тно... Слу́шай, — сказа́л Андре́й, — за́втра нам с тобо́й на́до бу́дет найти́ Рого́жскую. И ещё я Изма́йлову позвони́л...

(Лев Ильи́ч Изма́йлов был изве́стным на всю Москву́ ста́рым **адвока́том**. Андре́й с И́горем одна́жды спасли́ его́ от банди́тов, на кото́рых Лев Ильи́ч отказа́лся рабо́тать. С тех по́р Изма́йлов всегда́ помога́л им.)

— Я по́нял, — отве́тил И́горь. — Дава́й спать. За́втра день непросто́й...

ВОПРОСЫ К ГЛАВЕ 19

(85) 1. Что чувствовал человек, который организовал слежку за Клавдией?

2. Почему ему надо было срочно убить Клавдию? Когда он решил её убить?

3. Где и как он решил убить Клавдию? Почему он выбрал это место и это время?

4. Что он хотел сделать после убийства? В чём он был уверен?

5. Какие чувства должен был вернуть ему завтрашний день?

6. У вас есть версии, кто этот человек?

(86) 1. Что же связывало Сергея Мерцалова и Клавдию Ковалёву? Кто об этом сообщил Андрею?

2. Почему Сергей и Клавдия оказались в разных детских домах? Что известно об их родителях и родственниках?

3. Как умерла мать Сергея и Клавдии?

4. Что стало с актрисой Рогожской?

5. Где был Пётр в ночь убийства? Кто может это подтвердить?

6. Зачем Элеонора сказала, что Сергей — её любовник? Почему Пётр был ей не нужен?

7. Кто звонил Ирине Мерцаловой?

8. Кто такой Лев Ильич Измайлов? Зачем Андрей хочет встретиться со старым адвокатом?

Глава́ 20
06.09.1997. Суббо́та

(87) По́сле того́ как Андре́й отвёз Кла́вдию на рабо́ту, он встре́тился с Йгорем, и они́ пое́хали в адвока́тскую конто́ру ко Льву Ильичу́ Изма́йлову...

— Нет, — говори́л им Лев Ильи́ч, — де́ло тут в друго́м. Отве́тный уда́р — э́то для францу́зского кино́. У нас всё про́ще и лу́чше.

Андре́й люби́л слу́шать э́того старика́ и разгова́ривать с ним. С Изма́йловым всегда́ бы́ло интере́сно. Но сейча́с вре́мени для разгово́ров не́ было.

— Лев Ильи́ч, — он показа́л на часы́, — вре́мя... Поговори́м в друго́й раз...

— Да́-а-а, старики́ лю́бят поговори́ть, а молоды́е всегда́ спеша́т...

Голова́ Льва Ильича́ Изма́йлова рабо́тала бы́стро и чётко, как после́дняя компью́терная програ́мма. Но ему́ нра́вилось вести́ себя́ так, что́бы все счита́ли его́ ста́рым учёным евре́ем, кото́рый в любо́е вре́мя гото́в философство́вать на любы́е те́мы, потому́ что про́сто лю́бит философство́вать.

— Зна́чит, так. Муж Ната́льи Рого́жской неда́вно у́мер есте́ственной сме́ртью среди́ бли́зких и друзе́й. Я, коне́чно, доста́л его́ **завеща́ние**, как вы и проси́ли, Андрю́ша. Мне сде́лать э́то бы́ло о́чень и о́чень тру́дно, как вы понима́ете. Почти́ невозмо́жно бы́ло сде́лать... Коне́чно, вы понима́ете, ско́лько мне э́то сто́ило... Ду́маю, вы понима́ете, ско́лько зако́нов **нару́шили** я и тот челове́к, кото́рый показа́л мне э́то завеща́ние. Вы понима́ете? Понима́ете?

— Понима́ем, понима́ем... — сказа́л Андре́й.

— Э́то са́мое гла́вное, — Лев Ильи́ч внима́тельно посмотре́л на них.

— Говори́ть о том, что я помо́г вам, и о том, что вы зна́ете, что в завеща́нии, ника́к нельзя́. Вы э́то понима́ете? Да? Понима́ете?

— Мы всё понима́ем, Лев Ильи́ч! Всё! — отве́тил Йгорь. — Не в пе́рвый раз. Мы бы и са́ми узна́ли, но через вас быстре́е.

— И без оши́бок! Без оши́бок, молоды́е лю́ди! Информа́ция то́чная!

— Мы зна́ем, зна́ем... Мы ждём, Лев Ильи́ч!

— До́лжен сказа́ть, что он оста́вил о́чень интере́сное завеща́ние. Де́ньги! Де́ньги!!! Вот что гла́вное, молоды́е лю́ди! Де́ньги и бо́льше ни-че-го́!

— Когда́?! Когда́ завеща́ние начнёт де́йствовать? — Андре́й бы́стро встал.

— В понеде́льник, — отве́тил Лев Ильи́ч, не понима́я, что заста́вило Андре́я так волнова́ться. Он сно́ва посмотре́л в каки́е-то докуме́нты. — Ну да́, в понеде́льник. А сего́дня у нас что? Суббо́та... Я то́лько для вас пришёл на рабо́ту в свой выходно́й, как вы понима́ете...

Андре́й и Йгорь посмотре́ли друг на дру́га и сра́зу всё по́няли. Они́ по́няли, что де́ло о́чень пло́хо... Через секу́нду они́ уже́ вы́летели из кабине́та Льва Ильича́ и побежа́ли по коридо́ру. Андре́й налете́л на како́го-то охра́нника. Тот упа́л. Верне́е съе́хал по стене́ на́ пол и ничего́ не по́нял. Хорошо́, что Лев Ильи́ч уже́ вы́шел из кабине́та и то́нким го́лосом кри́кнул охра́нникам:

— Пропусти́те! Э́то мили́ция! Сле́дователи!

(88) — Кла́ва! — позвала́ заве́дующая. — Сейча́с маши́на придёт! Гото́ва?

Принима́ть това́р никто́ не люби́л. Рабо́та эта тяжёлая, до́лгая, ску́чная. Това́р на́до принима́ть на у́лице. А в году́ де́вять ме́сяцев хо́лод и дождь.

— Да! — кри́кнула Кла́вдия в отве́т. — Давно́ гото́ва, Варва́ра Алексе́евна!

— Ска́жешь ме́неджеру, чтоб зашёл ко мне́, — сказа́ла заве́дующая, посмотре́ла на неё, пото́м спроси́ла: — А ты чего́ така́я весёлая? Из-за па́рня, что вчера́ приезжа́л?.. Ты его́ хорошо́ зна́ешь? Давно́ с ним знако́ма?

— Мы с ним де́сять лет знако́мы. Ста́рый друг.

— Ну-ну́... Та́-а-ак... Уже́ без пяти́. Сейча́с маши́на бу́дет.

Сего́дня Кла́вдия чу́вствовала себя́ о́чень хорошо́, про́сто замеча́тельно. Одно́ не ра́довало: за ней сего́дня никто́ не следи́л.

«Ду́ра, идио́тка, тебе́ бы от сча́стья пры́гать, а ты?»

Она́ боя́лась, что е́сли за ней переста́нут следи́ть, то она́ Андре́ю бо́льше не бу́дет нужна́. Тогда́ он бо́льше не придёт к ней в апте́ку... Тогда́ она́ не пойдёт с ним к нему́ домо́й... Тогда́ он бо́льше не бу́дет её целова́ть...

«Ты не про́сто идио́тка, Ковалёва. У тебя́ с головой́ совсе́м пло́хо! Ра́дуйся тому́, что он сейча́с есть у тебя́», — говори́ла она́ себе́.

Сего́дня това́р привезёт фи́рма, с кото́рой Кла́вдии прия́тно рабо́тать. Маши́на э́той фи́рмы всегда́ прихо́дит во́время. Докуме́нты на лека́рства всегда́ в поря́дке. Шофёр и ме́неджер всегда́ милы́ и приве́тливы. А саму́ маши́ну она́ ни ра́зу не ви́дела гря́зной.

Кла́вдия с трудо́м откры́ла тяжёлую желе́зную дверь скла́да. С у́лицы уда́рило хо́лодом. Ру́ки сра́зу замёрзли. Хорошо́, что дождя́ нет.

— Здра́вствуйте, Кла́ва! — сказа́л ме́неджер. — Вы без нас скуча́ли?

— Скуча́ли, — улыбну́лась Кла́вдия. — Вас заве́дующая проси́ла зайти́.

— Понял, — ответил менеджер. — А вы меня на улице подождёте?

— Как всегда, — сказала Клавдия, вышла на улицу, подняла голову и посмотрела в высокое ледяное небо. Минут через десять вернётся менеджер, и она начнёт принимать товар...

...Он увидел её сразу, как только она открыла дверь склада аптеки. Она показалась ему намного лучше, чем на фотографии в паспорте. Её фото он внимательно и долго изучал. Ему даже стало её жалко. Он сейчас её убьёт, а у неё такие красивые рыжие волосы, розовый цвет лица, весёлые глаза...

Он выстрелит, и всё это умрёт. Жалко...

Он заставил себя вспомнить, чья она дочь и чем она ему угрожает. Если он оставит её в живых, она испортит всю его жизнь. Испортит так, как испортила *та*, первая гадина, которая сделала ужасной жизнь его родителей.

Он должен защищаться. Он не может её жалеть. Он всегда до конца делает начатое дело. Особенно, если это касается семьи.

Она смотрела в небо. Ей очень холодно. Всё-таки жаль... Она такая хорошенькая и так похожа... Нет! Нет! И нет! Он не может жалеть её!

Он *должен* её убить.

Это ведь так просто — выстрелить. Она ничего не почувствует. Он достал пистолет и улыбнулся: на стройке работают, — выстрела никто не услышит.

Никто не узнает, что это он убил её. Конец всей этой истории.

Сейчас он сделает это и через пять минут будет спокойно пить кофе в дорогом кафе и наслаждаться чувством победы.

Он посмотрел по сторонам, проверил пистолет и пошёл к ней...

(89) Андрей с Игорем бежали по мокрой земле между машин, работающих на строительной площадке.... Со стороны стройки до аптечного двора ближе всего. Ещё метров двадцать до угла дома, а за ним и двор аптеки. Чёрт! Что это?... **Забор?!**

Андрей вчера был здесь (он проверял все подходы к аптеке). Забора вчера вечером здесь не было! Чёрт!

Он не заметил, как на руках перенёс своё большое сильное тело через забор. Сейчас он уже ни о чём не думал и ничего не боялся. Он знал, что должен успеть, и поэтому знал, что успеет. Вот и Игорь уже рядом...

Он должен успеть и успеет. Он точно знает: это происходит сейчас.

Андрей достал пистолет...

...Клавдия заметила незнакомого человека, который смотрел прямо на неё. Он был высокий и красивый. В его руке, кажется, был пистолет.

Клавдия стояла и смотрела на него и на пистолет...

Бежать некуда. Кричать она не могла. А если бы и закричала, то её никто бы не услышал...

Она посмотрела по сторонам, а потом на мужчину, подумала, что он её сейчас убьёт. Она посмотрела на него и странно улыбнулась...

«Жалко так умирать. Я только сейчас поняла, что значит «жить». Андрей **расстроится**. Он будет несчастлив. Счастливым его сделать могу только я. А меня сейчас не станет... — подумала она и закрыла глаза. — Я хотя бы не увижу, как он это сделает... Что делать... Значит, судьба у меня такая...»

...Мужчине нужна была ещё секунда. Ещё одна маленькая секундочка. «Она поняла, что я всё равно убью её. Мне ничего не мешает. Она стоит с закрытыми глазами. Жаль только, что у меня нет времени объяснять ей, за что она должна платить...» — думал он, а сам поднимал пистолет.

Вдруг за его спиной что-то страшно **грохнуло.** Он посмотрел туда, хотя не должен был этого делать.

Клавдия услышала этот грохот и открыла глаза. Открыла глаза и увидела, как через забор стройки перелетает Андрей, а за ним ещё кто-то. Потом она посмотрела на мужчину с пистолетом (а дальше всё было как в замедленном кино): её убийца поднимает руку с пистолетом... страшный пустой глаз пистолета уже у самого её лица... сейчас... сейчас...

И вдруг: бац! бац! бац!.. От этих звуков в ушах становится больно. Она слышит, что Андрей ей что-то кричит. Что — она не понимает... Страшного глаза пистолета уже нет. Он не смотрит ей в лицо... Её убийца... Он удивлённо и почему-то как-то странно глядит на свою руку...

— Оружие на землю!!! На землю! Лицом вниз!!! — вдруг слышит она, и замедленное кино перестаёт быть замедленным. Всё начинает двигаться, как двигалось всегда. И звуки становятся нормальными. Нормальными звуками улицы и стройки. Секунду назад их не было. А это что за звук? Кто же это так кричит и тонко воет?

Клавдия посмотрела по сторонам: в луже лежит какой-то мужчина. Двое других стоят над ним. Чуть в стороне — милая старушка Наталья Ивановна. Что она тут делает? Господи, да кто же это так громко и страшно кричит?..

Наталья Ивановна кричала и закрывала рот руками...

(90) По́сле всего́, что случи́лось, Андре́й отвёз Кла́вдию к себе́ домо́й и сра́зу же верну́лся на рабо́ту. Домо́й он прие́хал, как всегда́, по́здно.

Кла́вдия сиде́ла на дива́не так же, как и тогда́, когда́ он уе́хал на рабо́ту.

Он весь день руга́л себя́ за то, что мог её потеря́ть. Глу́по потеря́ть. Ещё пять секу́нд, и всё!.. А ещё он знал, что всё равно́ её потеря́ет. Потеря́ет навсегда́... Вот сейча́с он ей всё расска́жет, и коне́ц... Но он до́лжен рассказа́ть то, о чём она́ должна́ обяза́тельно узна́ть. Он сёл напро́тив её и на́чал:

— Твоя́ Ната́лья Ива́новна в пятидеся́тых года́х была́ звездо́й музыка́льного теа́тра. Она́ была́ за́мужем за Илларио́ном Джапари́дзе. Тебе́ что́-нибудь говори́т э́то и́мя?

(Фами́лию Джапари́дзе зна́ли все москвичи́. Он был изве́стным **ску́льптором**. Его́ люби́ли и Ста́лин[1], и Лужко́в[2]. Он сде́лал полови́ну всех но́вых моско́вских па́мятников и постро́ил, наве́рное, девяно́сто проце́нтов домо́в и дворцо́в для са́мых бога́тых люде́й Росси́и. Он был изве́стен не то́лько в Москве́, но и в Гру́зии, где роди́лся. Его́ зна́ли да́же за грани́цей. Джапари́дзе неда́вно у́мер...)

— Да, — отве́тила Кла́вдия, не понима́я, заче́м он говори́т о них.

— Илларио́н Джапари́дзе — твой оте́ц. Твой и Серге́я Мерца́лова, кото́рого уби́ли в ночь с пе́рвого на второ́е сентября́.

— Ты что? — она́ ме́дленно подняла́ на него́ глаза́. — Заболе́л?

— Илларио́н Джапари́дзе — твой оте́ц, — повтори́л Андре́й споко́йно. — И у тебя́ был брат. Серге́й Мерца́лов. Изве́стный кардиохиру́рг. Вас о́тдали в ра́зные детдома́ по́сле сме́рти ва́шей ма́тери. Твою́ ма́му зва́ли Ни́на Дашко́ва. Её Илларио́н о́чень люби́л. Она́ рабо́тала в изда́тельстве, где выходи́ла кни́га его́ рису́нков. Тебе́ бы́ло два го́да, а Серге́ю — шесть, когда́ она́ неожи́данно умерла́. Она́ умерла́ до́ма. Вас нашли́ сосе́ди. Серге́я сра́зу о́тдали в детдо́м, а тебя́ — в больни́цу, потому́ что ты тогда́ си́льно боле́ла.

— У меня́ был брат? — ти́хо спроси́ла Кла́вдия. — До э́того понеде́льника у меня́ был живо́й брат? И на́шу мать зва́ли Ни́ной?

— Да, — сказа́л Андре́й. — У твоего́ бра́та дво́е дете́й. Два сы́на. Семи́ и девяти́ лет. Ты им родна́я тётя. У него́ замеча́тельная жена́. Ири́ной зову́т.

— Андре́й, — сказа́ла Кла́вдия чужи́м го́лосом, — отку́да ты всё э́то узна́л?

— К сожале́нию, я узна́л обо всём э́том по́здно, — сказа́л Андре́й неприя́тным го́лосом. — Как ви́дишь, я чуть не опозда́л.

— Ты не опозда́л, Андрю́ша. Ты не мог опозда́ть...

Комментарии

[1] Сталин — Иосиф Виссарионович Джугашвили (1879–1953), один из руководителей Коммунистической партии и Советского Союза (с середины 1920-х годов и до своей смерти в 1953 году).

[2] Лужков — Юрий Михайлович Лужков (1936) — мэр Москвы с 1992 по 2010 год.

(91) Андре́й с Кла́вой сиде́ли на ку́хне. Он продолжа́л:

— У Джапари́дзе и Рого́жской был сын. Он ненави́дел твою́ ма́му, как и Рого́жская. Джапари́дзе был бога́тым и изве́стным челове́ком. Рого́жская да́же ду́мать боя́лась, что он мо́жет от неё уйти́ к како́й-то худо́жнице из изда́тельства. Джапари́дзе не мог реши́ть, с кем из же́нщин оста́ться. Ему́ бы́ло удо́бно жить на две семьи́. Его́ ста́рший сын люби́л роди́телей нечелове́ческой любо́вью. Э́тот сын реши́л уби́ть твою́ ма́му. Она́ была́ о́чень молодо́й и откры́той. Он приходи́л в ваш дом, пил чай с ней, с тобо́й и твои́м бра́том... Твоя́ ма́ма ду́мала, что ста́рший сын её люби́мого мужчи́ны хо́чет с ней дружи́ть. Пото́м он **отрави́л** твою́ ма́му, она́ умерла́, а тебя́ спасли́. ...Ты до́лго боле́ла.

— Го́споди, что ты тако́е говори́шь, Андре́й?..

— То, что есть, — отве́тил Андре́й серди́то. — Он уби́л твою́ ма́му. Вас с бра́том о́тдали в ра́зные детдома́. Илларио́н ва́ми не интересова́лся. Без Ни́ны де́ти ему́ бы́ли не интере́сны...

С Рого́жской он про́жил хорошо́ и споко́йно ещё три́дцать лет. Неда́вно он у́мер. Все свои́ де́ньги — ВСЕ! — он завеща́л трои́м свои́м де́тям. Ста́ршему сы́ну и вам с бра́том. Адвока́ты Джапари́дзе обяза́тельно нашли́ бы тебя́ с бра́том. Рого́жская и её сын получи́ли бы тогда́ тре́тью часть насле́дства, а не всё насле́дство. Вот они́ и реши́ли сро́чно вас найти́ и уби́ть. В больши́х города́х убива́ют ка́ждый день. Рого́жская зна́ла, что вас о́тдали в ра́зные детдома́. Найти́ связь ме́жду ва́ми почти́ невозмо́жно. Они́ на́чали следи́ть за ва́ми. А ещё им был ну́жен твой па́спорт, что́бы то́чно знать, что ты — э́то ты. Они́ уви́дели твой па́спорт и по́няли, что нашли́ тебя́. Ситуа́ция ста́ла о́строй и интере́сной. Ты хорошо́ относи́лась к ней, а она́ ненави́дела тебя́ и гото́вила с сы́ном твоё уби́йство.

— Бо́же мой... Бо́же мой...

— Им ну́жно бы́ло уби́ть и тебя́, и Серге́я до того́, как вас начну́т иска́ть адвока́ты. Нет челове́ка — нет пробле́мы. Они́ о́чень торопи́лись. Завеща́ние начина́ет де́йствовать со сле́дующего понеде́льника. Я узна́л об э́том то́лько сего́дня днём и по́нял, что её сын убьёт тебя́, когда́ ты бу́дешь на рабо́те. Он так ненави́дел вас, что про́сто не понима́л, почему́ уби́ть вас — э́то пло́хо.

— Подожди́, Андре́й. Но он же... брат. Он же наш брат...

— Он об э́том не ду́мал. Э́то бы́ло для него́ нева́жно. Ва́жно бы́ло, что Джапари́дзе чуть не ушёл из ЕГО́ семьи́. И, коне́чно, то, что он не хоте́л с ва́ми дели́ть насле́дство. А оно́, как я понима́ю, огро́мное...

— Но как... как ты обо всём об э́том узна́л?

— Я уви́дел фо́то Рого́жской в альбо́ме у Ири́ны Мерца́ловой. Она́ сказа́ла мне, что э́то фо́то твой брат заче́м-то взял из до́ма, когда́ его́ забира́ли в детдо́м. А пото́м я уви́дел э́ту же́нщину в твое́й апте́ке и до́лго не мог вспо́мнить, где я её ви́дел ра́ньше. Пото́м вспо́мнил...

— Я хочу́ уви́деть дете́й бра́та и его́ жену́. Ты меня́ отвезёшь к ним?

ВОПРОСЫ К ГЛАВЕ 20

(87) 1. Чем Лев Ильич помог Андрею?
2. Что было в завещании мужа Рогожской? Когда оно начинает действовать?
3. Куда и почему побежали Андрей и Игорь?

(88) 1. Почему принимать товар в аптеке никто не любил? Кто в этот день привёз аптечный товар?
2. Какое настроение было у Клавдии в этот субботний день? Что беспокоило Клавдию?
3. Что почувствовал убийца, когда увидел Клавдию?

(89) 1. Какая неожиданность ждала Андрея и Игоря у аптеки?
2. Что сделала Клавдия, когда поняла, что её сейчас должны убить?
3. О чём думала Клавдия, в то время как убийца подходил к ней?
4. Что увидела Клавдия, когда открыла глаза?
5. Кто ещё, кроме Клавдии, Андрея, Игоря и убийцы, оказался в аптечном дворе?
6. В каком состоянии была постоянная клиентка Клавдии?

(90) 1. За что Андрей ругал себя весь день?
2. Кто такие: а) Илларион Джапаридзе? б) старушка Наталья Ивановна? в) Нина Дашкова?
3. Какое отношение к ним имеют Клавдия Ковалёва и Сергей Мерцалов?
4. Что Андрей рассказал Клавдии о её брате и его семье?

(91) 1. Как сын Джапаридзе и Рогожской относился к Нине Дашковой и её детям?
2. Как сын Джапаридзе и Рогожской убил мать Клавдии и Сергея?

3. Почему скульптор Джапаридзе не помогал своим детям, которых родила его любимая женщина?

4. Почему сын Джапаридзе убил Сергея и хотел убить Клавдию?

5. Почему Рогожская и её сын были уверены, что милиция никогда не найдёт убийцу?

6. Зачем у Клавдии дважды отбирали сумку?

7. Почему убийца, который очень любил свою семью, хотел убить родных брата и сестру?

8. Как Андрей понял, что Рогожская — это старушка из аптеки?

9. О чём Клавдия попросила Андрея?

Глава́ 21
10.09.1997. Среда́

(92) Кла́вдия и Андре́й сиде́ли на ку́хне. Он что́-то до́лго ей объясня́л. Она́ ничего́ не понима́ла, кро́ме того́, что он не хо́чет на ней жени́ться.

— Почему́? Но почему́? — не понима́ла она́.

— Да я хочу́! — вдруг закрича́л он. — Хочу́! Но не могу́! Ты понима́ешь э́то и́ли нет?! Я три часа́ объясня́ю тебе́ э́то, а ты меня́ не слу́шаешь!

— Ты мне говори́шь о каки́х-то деньга́х... При чём здесь они́?

— При то́м! — он вдруг почу́вствовал, что ужа́сно уста́л. — Тебя́ ждёт совсе́м друга́я жизнь! Жизнь, в кото́рой я тебе́ не ну́жен! Не ну́жен как муж!

— Отку́да ты зна́ешь? Ну отку́да? Ты что́, уже́ был жена́т на мне?

— Не на тебе́, но был. Ты тепе́рь бога́тая же́нщина. О́чень бога́тая. У тебя́ дом на Ма́льте! Да́же е́сли ты отда́шь часть де́нег Ири́не и её де́тям...

— Уже́ отдала́.

— Всё равно́. Ты о́чень бога́тая же́нщина. Тебе́ ка́жется, что я тебе́ ну́жен. Но ско́ро мы переста́нем понима́ть друг дру́га и разведёмся. А у меня́ на э́то нет ни вре́мени, ни сил. Вопро́с закры́т. Я на тебе́ не женю́сь!

— Ты про́сто... про́сто... сво́лочь, Ларио́нов, — в глаза́х Кла́вдии появи́лись слёзы. — Я люблю́ тебя́. Мне три́дцать оди́н год. С голово́й у меня́ всё в поря́дке. Я зна́ю одно́: я люблю́ тебя́, хочу́ жить с тобо́й и роди́ть тебе́ дете́й. Я хочу́, что́бы у нас была́ норма́льная семья́, с ба́бушками, де́душками, тётями, дя́дями, дня́ми рожде́ния на да́че у твои́х роди́телей и сла́дкими бу́лочками по воскресе́ньям. Э́то что́, преступле́ние?

— Это не преступление, — ответил он. Ему вдруг стало страшно. Он тоже хотел всего этого. Хотел… но не мог позволить. Не с ней. Потому что у неё очень… ОЧЕНЬ много денег.

Он был уверен, что он ей не нужен, потому что она теперь богата и защищена. А ещё… Ещё у него всегда будет его работа, которая забирает много времени и сил и на которой почти ничего не платят. Он будет поздно приходить, думать на кухне о работе, ходить на работу по выходным… А она будет всё время одна. Разве она будет сидеть на кухне и ждать его? У неё теперь море возможностей! Эти возможности — стена между ними.

— Клава, — сказал он холодно. — Я буду с тобой, пока ты этого хочешь. Можешь считать меня мужем или любовником — мне всё равно. Но жениться на тебе я не могу. Это нечестно. Я за всю жизнь не заработаю столько, сколько у тебя на одном счёте в банке. А у тебя пятнадцать счетов. Я не уйду с работы, потому что это единственное, что я умею делать хорошо. Я всё сказал!

Клавдия встала со стула. Некоторое время она молча ходила по комнате. Андрей уже знал эту её привычку ходить, когда она думает. Потом она остановилась и посмотрела на него. Он понял, что она приняла какое-то решение. Сердцу стало сначала тяжело, а потом оно ушло к горлу.

(93) — Ну вот что, — сказала Клава почти так же холодно, как только что говорил Андрей. — Не хочешь на мне жениться? Тогда можешь идти к чёрту! Я не согласна быть просто твоей любовницей. Я хочу быть твоей женой и хочу детей. Если ты так боишься, то и иди отсюда! Свободен! Всё! Уходи!

— Я не боюсь, — тихо сказал он, глядя ей в лицо. Такой он её не знал.

— Уходи! — приказала она. — Ну!

Андрей всегда хорошо себя контролировал, но тут…

Он вышел из кухни, надел куртку и так хлопнул дверью, что, казалось, в доме вылетят все окна. Он вышел из дома, сел в машину и поехал. Проехав десяток километров, он немного успокоился.

Она́ не хо́чет его́ ви́деть? Прекра́сно! Она́ его́ вы́гнала? Хорошо́! Но он же прав! Уве́рен, что прав! И́ли не уве́рен?.. И́ли всё-таки уве́рен?.. Пусть посиди́т там одна́ и немно́го успоко́ится. Стра́нно, она́ вы́гнала его́ из его́ кварти́ры, а он и не удиви́лся. Э́то уже́ их о́бщая кварти́ра. Его́ кварти́ра о́чень бы́стро ста́ла их о́бщей кварти́рой. В шка́фу её ве́щи... Везде́ так хорошо́ па́хнет е́ю... А как здо́рово за́втракать вдвоём. ...Без него́ она́ не засыпа́ет. А одна́жды она́ принесла́ ему́ горя́чий чай в ва́нну. Си́льно боле́ло се́рдце. Нет, он не смо́жет жить без неё. Как мо́жно жить без неё, е́сли он ка́ждую мину́ту то́лько и ду́мает: где она́, что с ней и как бы поскоре́е её уви́деть?! Как Серге́й Мерца́лов...

Да, ему́ стра́шно. Э́то она́ пра́вильно сказа́ла. До конца́ жи́зни он бу́дет отвеча́ть за неё, боя́ться за неё, ревнова́ть, контроли́ровать её, кома́ндовать е́ю и слу́шаться её. Он бу́дет люби́ть её и руга́ться с не́ю... Они́ бу́дут спо́рить о том, как на́до воспи́тывать дете́й и где отдыха́ть ле́том...

Они́ бу́дут вме́сте. Всю жизнь вме́сте.

Он останови́л маши́ну и позвони́л. Она́ тут же взяла́ тру́бку.

— Чёрт! Я на тебе́ женю́сь! — кри́кнул он. — Но е́сли ты мечта́ешь, что за́втра я бро́шу рабо́ту и бу́ду ходи́ть ка́ждый день в рестора́ны и на...

— Я мечта́ю то́лько о тебе́, дура́к, — запла́кала Кла́вдия. — То́лько о тебе́! Ты мой идеа́льный мужчи́на.

— Я то́же о тебе́ мечта́ю. Я люблю́ тебя́, и я женю́сь на тебе́. То́лько пото́м не говори́, что я тебя́ не предупрежда́л! Бу́ду через пятна́дцать мину́т!

Он сел в маши́ну и пое́хал домо́й.

ВОПРОСЫ К ГЛАВЕ 21

(92) 1. Почему Андрей думал, что теперь не может жениться на Клавдии?

2. Кому и почему Клавдия отдала часть денег, которые она получила в наследство?

3. Чего Клавдия хотела от Андрея?

(93) 1. Почему Клавдия не согласилась на условия Андрея?

2. В каком состоянии Андрей ушёл от Клавдии?

3. Почему он позвонил ей? Что он ей сказал?

4. Как вы думаете, Клавдия и Андрей будут счастливы? Почему?

5. Вспомните и расскажите, какие семьи описаны в романе. Какая модель семьи нравится главным героям, а какая — автору? Какая модель ближе вам?

6. О чём этот роман? Опишите его одним предложением.

СЛОВАРЬ

А
абонент
авантюрист
автоответчик
агент
адвокат
алмаз
аргумент
арка
архив

Б
бандит
банкет
беда
благотворительный
бомж
бордель
бухгалтер

В
веник
верёвка
версия
виноватый
витамин
влюбиться (СВ)
вместо
воровать (НСВ)
ворота
воскликнуть (СВ)
врать (НСВ)
выглядеть (НСВ)
выпускать (СВ)
выстрелить (СВ)
выходные (мн. ч.)

Г
гений
гостиная
грохнуть (СВ)

Д
дёрнуть (СВ)
диплом
доверять НСВ)
договориться (СВ)
достать (СВ)
дура
духи (мн. ч.)

Ж
жадный
жалеть (НСВ)
жаловаться (НСВ)

З
забор
заведующий
завещание
завидовать (НСВ)
задом
зажигалка
запах
зарабатывать (НСВ)
застраховать (СВ)
зять

И
идеальный
издательство
интуиция
испортить (СВ)
испугаться (СВ)
истерика
исчезать (НСВ)

К
кардиохирург
колени
командовать
консьержка
королева

крем
кружиться (НСВ)
кусок
куст

Л
ладно
ласково
ленивый
лживый
лужа
любовник

М
майор
маньяк
медэксперт
мелкий
менеджер
меценат
миф
мышцы (мн. ч.)

Н
нагло
награда
надоесть (СВ)
наказать
наличные (мн. ч.)
налог
наркотики (мн. ч.)
нарушить (СВ)
наследство
начальник
невестка
недоступный
нежно
ненавидеть

О
обманывать (НСВ)
обнять
объект

одеяло
оперировать (НСВ)
отдел
отравить (СВ)
отчёт
офис
охранник
охранять

П
парень
переживать (НСВ)
пистолет
подтвердить (СВ)
подтянуться (СВ)
подушка
порвать (СВ)
портфель
порядок
постель
похороны
право
представить (СВ)
приветливый
привязать
прислуга
приставать (НСВ)
причёска
проституция
протокол
психолог
психотерапевт
пугать
пьяный

Р
разбудить (СВ)
развестись (СВ)
расстроиться (СВ)
расчётливый
рекламный
ругать (НСВ)
рыжий

С
свадьба
свекровь
свинья
свистнуть (СВ)
священник
сердито
склад
скульптор
след
следить (НСВ)
следователь
слёзы (мн. ч.)
слух
сниться/присниться
соболезновать (НСВ)
совещание
сочувствие
сочувствовать (НСВ)
спуститься
срочно
ссориться (НСВ)
стажёр
стеклянный
стереть (СВ)
стесняться (НСВ)
стресс
суд
сыщик

Т
татуировка
типичный
ткань
торопить (НСВ)
треугольник
трибуна
трубка

труп
туалет

У
уволить (СВ)
угрожать (НСВ)
украсть
устроить (НСВ)
уснуть
утверждать (НСВ)

Ф
фантазия
финансовый
фонарь
фонд
фоторобот

Х
хитрый
хихикнуть (СВ)
холодильник

Ч
частный детектив (идиом.)
чётко

Ш
шанс
шеф
шикарный
шок
шпионка
штора

Э
эксклюзив